Andreas Bendik

Die Werbung der Zukunft

Wie Neuromarketing die Konsumentenansprache verändert

Bibliografische Information der Deutschen Nationalbibliothek:

Die Deutsche Nationalbibliothek verzeichnet diese Publikation in der Deutschen Nationalbibliografie; detaillierte bibliografische Daten sind im Internet über http://dnb.d-nb.de abrufbar.

Impressum:

Copyright © Studylab 2018

Ein Imprint der Open Publishing GmbH, München

Druck und Bindung: Books on Demand GmbH, Norderstedt, Germany

Coverbild: Open Publishing GmbH | Freepik.com | Flaticon.com | ei8htz

Inhaltsverzeichnis

Abstract / Zusammenfassung

Die vorliegende wissenschaftliche Arbeit verfolgt das Ziel, durch Erarbeitung der Erkenntnisse des Neuromarketings, einen Ausblick auf dessen Einflüsse auf die Werbung der Zukunft geben zu können.

Das Neuromarketing ist eine anwendungsorientierte, interdisziplinäre Forschungsmethodik, die anhand neurowissenschaftlicher Methoden, wie der EEG, MEG, SST oder fMRT versucht, die Aktivitäten im Gehirn des Konsumenten in Reaktion auf verschiedene Stimuli zu interpretieren, um eine Möglichkeit zur positiven Beeinflussung von Konsumenten abzuleiten.

Die verschiedenen beteiligten Forschungsdisziplinen verhelfen zu einem besseren Verständnis über die Anatomie und Funktionsweisen des menschlichen Gehirns. Der Großteil menschlichen Handelns basiert auf dem Bedürfnis, positive Emotionen zu erleben und Unlust zu vermeiden. Der Mensch richtet sich dabei stets nach seinem Belohnungs- und Vermeidungssystem, woraus folgt, dass er seine Entscheidungen unbewusst auf Basis positiver Emotionen trifft und diese erst im Nachhinein rationalisiert. Neben den Emotionen haben Faktoren wie Motive, Ziele, Persönlichkeit und die Gruppendynamik als Herdentier maßgeblichen Einfluss auf das menschliche Handeln. Diese Kriterien entscheiden über Relevanz, Glaubwürdigkeit und Differenzierung von Marken und Produkten und prägen demnach die Kaufentscheidung. Entscheidungen werden jedoch nie rein bewusst oder unbewusst getroffen. Die Erkenntnisse des Neuromarketings liefern hier verschiedene Ansätze und Theorien darüber, wie das menschliche Handeln stets aus dem Zusammenspiel von Bewusstsein und Unterbewusstsein entsteht.

Alle Marken und Produkte senden konstant Signale (Codes) aus, die unser Unterbewusstsein wahrnimmt und entschlüsselt. Je mehr unserer Sinneskanäle von einer Marke oder einem Produkt gezielt angesprochen werden, desto höher ist die Erfolgserwartung. Das Brand Code Management bietet hier eine, auf der Neuropsychologie basierende, strategische Methodik, um Marken Eingang in das menschliche Unterbewusstsein zu verschaffen. Das natürliche Phänomen der Emergenz kann dabei verwendet werden, um aus dem Zusammenspiel einzelner Codes verbesserte Eigenschaften und Strukturen für die Marke herauszubilden.

Am Beispiel eines aktuellen Werbespots der Coca-Cola Company wird verdeutlicht, welche Erkenntnisse des Neuromarketings bereits heute Eingang in die Werbung finden, um schlussfolgernd einen Ausblick evaluieren zu können, wie das Neuromarketing die Werbung der Zukunft beeinflussen wird.

Abbildungsverzeichnis

1 Einleitung[1]

Globalisierung, Digitalisierung, Individualisierung und der Wandel von Industrie- zu Informationsgesellschafft – täglich wird der Mensch von Massen an Informationen überflutet.[2] Es herrscht eine kontinuierlich wachsende Kommunikationsflut, welche einem immer flüchtiger werdenden Informationsverhalten von Konsumenten gegenübersteht.[3] Jährlich werden eine halbe Billion Euro in das Bewerben von Produkten und Dienstleistungen weltweit investiert; alleine in Deutschland beläuft sich das Werbeinvestment auf 80 Milliarden, mit steigender Tendenz.[4] Der deutsche Konsument wird von über 50.000 aktiv beworbenen Marken, einem Sortiment von über 10.000 Produkten im nächstgelegenen Supermarkt und über 3.000 täglichen Werbebotschaften verschiedenster Kommunikationskanäle konfrontiert.[5] Diese Reizüberflutung führt zu einer Informationsüberlastung. Der Konsument kann die Masse an Informationen nicht mehr wahrnehmen, geschweige denn aktiv verarbeiten – die Werbung stößt auf Überforderung und Desinteresse.[6] Dieses Phänomen der Informationsüberlastung stellt für die Kommunikation von Marken eine große Herausforderung dar.

Die digitale Revolution der Welt schreiten voran und bringt neue, innovativere Informations- und Kommunikationstechniken hervor. Markteintritte neuer Wettbewerber werden leichter, die Anzahl der Konkurrenten steigt. Produktmärkte erreichen höhere Sättigungsgrade, Produkte werden homogener. Das Resultat sind konzentrierte Märkte, auf denen sich Wettbewerbsfähigkeit nur noch durch Verdrängung etablieren lässt. Demnach muss der Fokus des Marketings auf die Kommunikationspolitik gelegt werden, um Produkte und Dienstleistungen anhand der Markenkommunikation mit einem emotionalen Mehrwert anzureichern, dem Konsumenten somit die Identifikation und Differenzierung zu erleichtern und letztendlich die Bevorzugung gegenüber der homogenen Konkurrenz zu er-

---

[1] Aus Gründen der besseren Lesbarkeit wird auf die gleichzeitige Verwendung männlicher und weiblicher Sprachformen verzichtet. Sämtliche Personenbezeichnungen gelten gleichwohl für beiderlei Geschlecht.

[2] (Vgl. Fuchs/Unger (2014): S. 104 f.)

[3] (Vgl. Kroeber-Riel/Gröppel-klein (2013): S. 358 ff.)

[4] (Vgl. Held/Scheier (2018): S. 20)

[5] (Vgl. Held/Scheier (2018): S. 64)

[6] (Vgl. Held/Scheier (2018): S. 63)

zielen. Denn es ist der immaterielle Mehrwert einer Marke, was letztendlich das Wahlverhalten eines Konsumenten bestimmt.[7]

Es existieren unzählige Publikationen über das Marketing, eine Vielzahl von Marketing- und Managementinstrumenten ist im Einsatz und es werden Millionen in die Marktforschung investiert. Trotzdem scheitern 80 Prozent aller neueingeführten Produkte obwohl vor der Einführung intensive Marktforschungsmaßnahmen getroffen wurden. Laut der GfK müssen um die 20.000 Produkte aufgrund ihres Misserfolgs nach kurzer Zeit wieder vom Markt genommen werden, was zu einer Verschwendung von jährlich zehn Milliarden Euro führt. Aspekte wie soziale Dynamik werden beispielweise bei herkömmlichen Produkttests meist nicht berücksichtigt, weshalb Neuentwicklungen, die eigentlich erfolgreich wären, bei der Marktforschung durchfallen und gar nicht erst eingeführt werden. Die klassische Marktforschung stößt an ihre Grenzen.[8] Ihre Messmethoden sind überholt und veraltet, da das implizite System (Unterbewusstsein) bezogen auf Kaufentscheidungen und Werbewirkung als primäres Entscheidungs- und Steuerungssystem gesehen wird. Demnach sind die Gründe für eine Entscheidung dem expliziten System (Bewusstsein) des Konsumenten unzugänglich und stellen die klassische Marktforschung vor eine Herausforderung. Die moderne Marktforschung bedarf einer Integration von impliziten Forschungsmethoden, da menschliches Verhalten auf einer Zusammenarbeit beider Systeme basiert.[9]

Hier kommt das Neuromarketing zum Vorschein, denn es ist mehr als nur eine verbesserte Methodik der Marktforschung. Es integriert Erkenntnisse und Verfahren verschiedener Disziplinen, von der Hirnforschung über die Psychologie bis hin zu Kulturwissenschaften und ist somit essentiell für die moderne Markenkommunikation. Diese Verfahren und Erkenntnisse zwingen uns zu einem Umdenken, eröffnen uns aber die Chance zu analysieren, wie sich Marken, Produkte und deren Kommunikation auf das komplexe und dynamische menschliche Gehirn auswirken.[10] Die beleuchteten wirtschaftlichen und gesellschaftlichen Trends sollen die ökonomische Notwendigkeit veranschaulichen, neurowissenschaftliche Erkenntnisse in das moderne Marketing zu integrieren.

---

[7] (Vgl. Esch (2017): S. 9 ff.)
[8] (Vgl. Held/Scheier (2018): S. 16)
[9] (Vgl. Kwiatkowski (2017): S. 7)
[10] (Vgl. Held/Scheier (2018): S. 15 ff.)

Das Ziel dieser wissenschaftlichen Arbeit ist es, anhand von in Theorie und Praxis untersuchten Erkenntnissen einen Ausblick auf den Einfluss des Neuromarketings auf die Werbung der Zukunft geben zu können.

Die Arbeit gliedert sich in einen theoretischen und praktischen Teil. Der theoretische Teil beginnt in Kapitel 2 und beleuchtet vorerst die theoretischen Grundlagen des Neuromarketings und gibt Aufschluss darüber, wie das dynamische Herdenverhalten des Menschen Einfluss auf die Marketingkommunikation nimmt. In Kapitel 3 wird die Werbung, als Bestandteil der Kommunikationspolitik, und deren aktueller Stand eingeordnet. In Kapitel 4 werden die Funktionalitäten der Forschungsmethoden des Neuromarketings beschrieben. Darauffolgend werden in Kapitel 5 die wichtigsten Erkenntnisse des Neuromarketings erläutert. Aufbauend darauf beginnt in Kapitel 6 der praktische Teil dieser Arbeit, in welchem die Einflüsse der gewonnenen Neuromarketingerkenntnisse auf die Werbung der Coca-Cola Company hin analysiert und somit deren Relevanz verdeutlicht werden. Kapitel Fehler! Verweisquelle konnte nicht gefunden werden. bildet die Schlussfolgerung dieser Arbeit und gibt eine kritische Betrachtung des Einflusses von Neuromarketing auf die Werbung der Zukunft wieder.

2 Theoretische Grundlagen des Neuromarketings

Kapitel 2 widmet sich den neurowissenschaftlichen Grundlagen, auf die das Neuromarketing gestützt wird. Das theoretische Wissen soll die Thematik dieser Arbeit einleiten und ein fundamentales Verständnis für das Neuromarketing vermitteln. Das Neuromarketing ist eine Teildisziplin der Neuroökonomie, somit wird im Vorfeld diese Begrifflichkeit definiert. Aufbauend darauf wird diese interdisziplinäre Forschungsform mit all ihren Aspekte veranschaulicht. Danach werden die Funktionsweisen des menschlichen Gehirns und deren Einflussfaktoren auf die Informationsverarbeitung beleuchtet, welche sich ausschlaggebend auf das Kauf- und Entscheidungsverhalten des Konsumenten auswirken. Abschließend wird die Relevanz der menschlichen Gruppendynamik für das Neuromarketing anhand des einflussreichen Klassikers „Psychologie der Massen" von Gustave Le Bon durch moderne Anwendungsbeispiele verdeutlicht.

2.1 Neuroökonomie

Der Bereich der Neuroökonomie hat sich aus der Verhaltensökonomie entwickelt und verfolgt das Ziel, anhand von Erkenntnissen, Theorien und Methoden der Neurowissenschaft ein höheres Bewusstsein für ökonomisches Verhalten auf Märkten zu erlangen. Die Neurowissenschaft wiederum analysiert die Formen und Strukturen des menschlichen Gehirns und versucht diese zu interpretieren. Die Implementierung der Neurowissenschaft in die Ökonomie ermöglicht also die Untersuchung mikroökonomischer Gegebenheiten wie das Entscheidungsverhalten eines unsicheren Konsumenten, Interaktion zwischen Individuen im Rahmen der Spieltheorie, intertemporales Wahlverhalten und das Verhalten in Institutionen und Märkten.[11]

2.2 Neuromarketing

Das Neuromarketing ist eine stark anwendungsorientierte Forschungsdisziplin, die anhand neurowissenschaftlicher Methoden und Erkenntnisse versucht, das Konsumentenverhalten in Reaktion auf Marketingstimuli zu analysieren und zu verstehen, um eine Möglichkeit zur positiven Beeinflussung des Konsumenten abzuleiten. Daher wird es im englischen auch als „Consumer Neuroscience" be-

---

[11] (Vgl. Kwiatkowski (2017): S. 3)

zeichnet. Die gewonnenen Erkenntnisse und Methoden des Neuromarketings können von der Gestaltung der Marke (Positionierung, Wahrnehmung etc.) bis hin zum Design von Verpackungen, Point of Sale Maßnahmen und weiteren Aspekten als Werkzeug eingesetzt werden, um positive Emotionen zu erzeugen, Motive gezielt anzusprechen und Markenversprechen in der Interaktion mit einem Produkt einzulösen. Im Wesentlichen werden die Ziele verfolgt, neue Markenstrategien zu entwickeln, die Produktgestaltung zu optimieren und die Implementierung von Produkten und Marken zu unterstützen.[12]

Das menschliche Gehirn ist ein aus Milliarden verbundener Nervenzellen bestehendes Konstrukt, welches durch Methoden der Sensorik, des Storytellings, der Symbolik und der Sprache in der Marketingkommunikation stimuliert werden kann. Die Wahrnehmung dieser Kommunikation und damit verbundene Abläufe und Emotionen im menschlichen Gehirn sind der Auslöser für Produktkauf und -nutzung. Durch gezieltes Ansprechen der richtigen Motive soll Relevanz und somit Kauf- und Nutzungsverhalten entstehen. Zentrale Relevanz für das Neuromarketing hat hier die Unterscheidung zwischen bewussten und unbewussten Handlungen – es ist die Rede vom Piloten bzw. Autopiloten. In der Theorie hat der Mensch keinen bewussten Einfluss auf seine Entscheidungen, der Großteil des menschlichen Handelns wird unterbewusst gesteuert und erst im Nachhinein rationalisiert. Menschen gehen davon aus, stetig bewusst und rational Entscheidungen zu treffen, tatsächlich läuft der Großteil unseres Handelns unbewusst im Autopilot Modus ab. Um Marketing und Design erfolgreich zu kommunizieren, ist es notwendig im Neuromarketing gewonnene Erkenntnisse an das Unterbewusstsein bzw. den Autopiloten auszurichten.[13]

2.3 Die Funktionsweisen des menschlichen Gehirns

Um Marketingkommunikation gezielt einsetzen zu können, bedarf es einem tieferen, eingehenderen Verständnis des Konsumenten, der Funktionsweisen seines Gehirns, sowie der Art und Weise wie es Informationen verarbeitet und was ihn antreibt so zu handeln, wie er es tut. Hierbei klärt uns die Hirnforschung über den Aufbau, sowie Lernprozesse des Gehirns auf und Konsumenten demnach stets unter dem Einfluss seiner Emotionen Entscheidungen treffen. Die kognitive Psy-

---

[12]   (Vgl. Kwiatkowski (2017): S. 3 f.)
[13]   (Vgl. Van de Sand (2017): S. 45 ff.)

chologie lässt uns wiederum verstehen, wie Wahrnehmung und Aufmerksamkeit bestimmen, welche Reize an unser Bewusstsein gelangen und welche an Ignoranz treffen. Emotionen, Motive und Persönlichkeitsmerkmale zeigen auf, was Konsumenten antreibt und somit ihr Verhalten prägt. Um das Konsumentenverhalten also wahrhaftig verstehen und durch das Marketing beeinflussen zu können müssen in erster Linie alle Einflussfaktoren auf die Informationsverarbeitung verstanden werden.

2.3.1 Erkenntnisse der kognitiven Psychologie

Wahrnehmung und Aufmerksamkeit bestimmen, welche Reize an das Bewusstsein des Konsumenten gelangen und welche verloren gehen. Die kognitive Psychologie ist für ein besseres Verständnis des Konsumenten ebenso essentiell wie die Hirnforschung. Die Kognitionspsychologie ist die wissenschaftliche Erforschung, wie mentale Prozesse der Informationsverarbeitung funktionieren und welche Organisationsstrukturen ihnen zugrunde liegen. Zentrale Forschungsfragen sind beispielsweise die Entstehung von intelligentem Denken oder die Visualisierung von Denkprozessen im Gehirn.[14] Prozesse der Kognition spielen eine große Rolle, da sie über wahrgenommene Möglichkeiten das Verhalten des Konsumenten beeinflusst. Der Neurowissenschaftler Moshe Bar beschreibt die Wahrnehmungsfunktion des menschlichen Gehirns wie folgt:

> „Das menschliche Gehirn ist kein passives Organ, das einfach darauf wartet von externen Reizen aktiviert zu werden. Das Gehirn benutzt kontinuierlich vergangene Erfahrungen, um sensorische Informationen zu interpretieren und diese für unmittelbar relevante Zukunft vorherzusagen."[15]

Die Wahrnehmung wird als ein Organisations- und Interpretierungsprozess von Sinnessystemen bereitgestellter Informationen durch das menschliche Gehirn definiert. Die Wahrnehmung ist auf die Evolutionsentwicklung zurückzuführen und basiert somit auf den Instinkten. Der Mensch kann weder direkten Einfluss darauf nehmen was er wahrnimmt und was nicht, noch sich allem bewusst sein, was er wahrnimmt. Das Unterbewusstsein funktioniert hierbei wie ein Sortierungsmechanismus: Bevor Reize bewusst wahrgenommen werden, unterlaufen sie vorerst einer Kategorisierung und werden als gefährlich oder neutral einge-

---

[14] (Vgl. Becker-Carus/Wendt (2017): S. 8 f.)
[15] (Scheier/Bayas-Linke/Held/Schneider (2012): S. 169)

stuft.[16] Wahrnehmung ist ein ununterbrochener dynamischer, niemals statischer Prozess, der mit bestimmten Abläufen definiert werden kann, die in unterschiedlichen Reihenfolgen auftreten oder auch völlig ausbleiben können. Ein Stimulus, ein Reiz aus der Umwelt, leitet diesen Prozess ein. Dieser kann als verfügbarer- oder beachteter Stimulus klassifiziert werden. Der verfügbare Stimulus beschreibt die Gesamtheit aller in der Umwelt erfassten Dinge, die potenziell vom Menschen erfasst werden können, ohne gezielt Aufmerksamkeit zu erregen. Der beachtete Stimulus entsteht, wenn Aufmerksamkeit auf ein Objekt gelenkt wird.[17] Eine Person sitzt beispielsweise in der Bibliothek und liest ein Buch, im Augenblick ist der beachtete Stimulus das Buch. Daraufhin wird jene Person von einem Kommilitonen angesprochen – der beachtete Stimulus wechselt somit vom Buch zum Kommilitonen. Marketingkommunikation ist ein verfügbarer Stimulus, der uns vielen alltäglichen Situationen begegnet. Für eine erfolgreiche Kommunikation gilt es das Unterbewusstsein des Konsumenten so anzusprechen, damit aus dem verfügbaren- ein beachteter Stimulus wird. Wenn unsere Sinne etwas wahrnehmen, erhält es nicht automatisch unsere selektive Aufmerksamkeit. Die selektive Aufmerksamkeit ist die kognitive Fähigkeit, aus einer Gesamtmasse von elf Millionen Sinneseindrücken, die jede Sekunde von außerhalb auf uns einwirken, für die aktuelle Motivstruktur des Menschen relevante Reize herauszufiltern. Hagendorf bezeichnet die Aufmerksamkeit als Prozesse der Selektierung relevanter bzw. Deselektierung irrelevanter Informationen für die aktuelle Handlung. Selektion bzw. Deselektion beeinflussen somit die Wahrnehmung und Handlungsplanung und -ausführung. Diese Fähigkeit ermöglicht dem Menschen logisches Denken, um reaktiv auf seine Selektion richtig zu handeln.[18]

Aus evolutionären Gründen nimmt der Menschen permanent seine Umwelt wahr und entscheidet dabei, welche der Eindrücke relevant, gefährlich oder neutral einzustufen sind, und somit unserer Aufmerksamkeit bedürfen und an das Bewusstsein gelangen. Ziel des Marketings muss es also sein, mit der richtigen Handlung zur richtigen Zeit und am richtigen Ort die Aufmerksamkeit des Konsumenten zu gewinnen. Jedes Detail einer Marketingkampagne, einer Point of Sale Maßnahme oder des Produktdesigns ist ein potenziell verfügbarer Stimulus,

---

[16] (Vgl. Hagendorf/Krummenacher/Müller/Schubert (2011): S. 3 ff.)

[17] (Vgl. Van de Sand (2017): S. 29 f.)

[18] (Vgl. Hagendorf et al. (2011): S. 8 f.)

der vom Unterbewusstsein des Konsumenten wahrgenommen werden kann. Es gilt alle implizit und explizit ausgesendeten Signale der Customer Journey zu untersuchen und gezielt auf die Zielgruppe maßzuschneidern.[19]

2.3.2 Erkenntnisse der Hirnforschung

Das menschliche Gehirn ist ein unglaublich komplexes Denkorgan, das aus Milliarden von Neuronen, die kontinuierlich miteinander kommunizieren um Informationen auszutauschen, besteht und sich anatomisch in die vier Bereiche des Frontallappens, Parietallappens, Temporallappens und Occipitallappens unterteilen lässt. Der Frontallappen ist für motorische Abläufe und höhere kognitive Prozesse verantwortlich; beispielsweise prägt er die Entscheidungsfindung und fördert die Spracherkennung. Direkt hinter dem Frontallappen liegt der Partiallappen. Er unterstützt den Frontallappen bei der Spracherkennung, ist aber primär für Berührungsempfindlichkeit und räumliches Denken zuständig. Der Temporallappen bildet das Zentrum des Gedächtnisses und der Emotionen. Der letzte Bereich, der Occipitallappen ist hauptsächlich für das Sehen zuständig.[20]

---

[19] (Vgl. Van de Sand (2017): S. 31)
[20] (Vgl. Becker-Carus/Wendt (2017): S. 53)

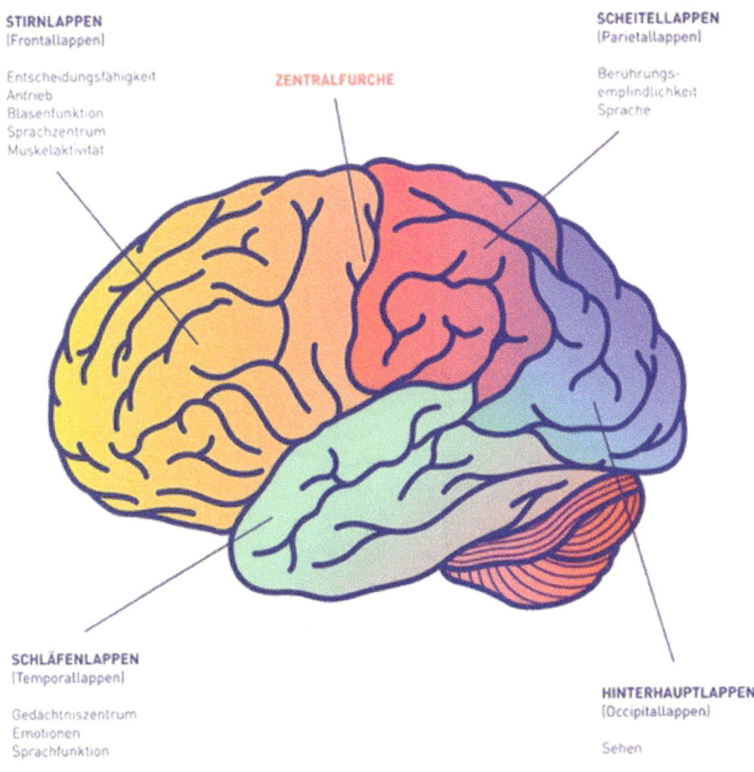

Abbildung 1: Die Anatomie des menschlichen Gehirns.[21]

Im inneren des Temporallappens befindet sich eine Gruppe von Strukturen, die man als limbisches System bezeichnet; seine wichtigsten Bestandteile sind der Hippocampus, der Hypothalamus und die Amygdala. Das limbische System ist für die Verarbeitung von Emotionen und Gedächtnisprozessen zuständig.[22]

---

[21] (Van de Sand (2017): S. 20)

[22] (Vgl. Becker-Carus/Wendt (2017): S. 51 f.)

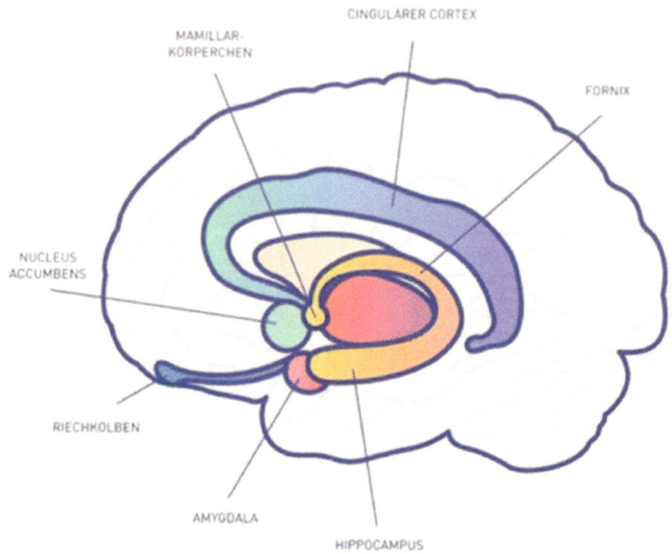

Abbildung 2: Das limbische System.[23]

Eine der zentralen Strukturen des limbischen Systems ist der Hippocampus, einer der wenigen Orte im Gehirn, in dem neue Neuronen durch den Prozess der Neuroneogenese geboren werden. Seine Funktionen sind die Steuerung unserer Affekte, einem besonders intensiven Gefühl, das mit deutlichen körperlichen Begleiterscheinungen, z.B. ein durch Freude aufkommendes Lächeln oder Erröten durch Scham, verbunden ist[24], und die Einspeicherung bzw. das Erlernen neuer Inhalte in unser Langzeitgedächtnis.[25]

Der Hypothalamus gilt als Zentrum des autonomen Nervensystems. In ihm werden motivationale Zustände gesteuert, vor allem die hormonelle Beeinflussung der Körperfunktionen, und vegetative Aspekte wie Hunger, Durst oder Sexualverhalten kontrolliert.[26]

Die Amygdala ist für die Neuromarketingforschung der mit Abstand wichtigste Bestandteil des Gehirns, denn sie ist verantwortlich für die Verknüpfung von

---

[23] (Van de Sand (2017): S. 21)

[24] (Vgl. Müsseler/Rieger (2017): S. 216)

[25] (Vgl. Becker-Carus/Wendt (2017): S. 52)

[26] (Vgl. Becker-Carus/Wendt (2017): S. 52)

Emotionen mit Erinnerungen – besonders ausgeprägt bei Angst oder Furcht. Die Amygdala funktioniert als emotionaler Verstärker, der das emotionale Sozialverhalten reguliert und zuständig für die Entstehung und Wiedererkennung von körperlichen Reaktionen und Emotionen ist. Innerhalb der neurowissenschaftlichen Forschung wurden beispielsweise die Amygdala bei Affen zerstört – als Resultat wirkten die Tiere emotionsloser als früher und hatten Schwierigkeiten mit emotionalen Assoziationen.[27]

Das Gehirn setzt sich aus Milliarden von Neuronen, die kontinuierlich miteinander kommunizieren, um durch die Freisetzung von Neurotransmittern Informationen auszutauschen, zusammen. Jedes Neuron wiederum (Nervenzelle) setzt sich aus dem Soma (Zellkörper) und davon abgehenden Dendriten (kleine Arme des Zellkörpers) zusammen. Ebenfalls vom Soma abgehend, erstreckt sich ein schlauchartiger Fortsatz, das Axon, bis zu den Dendriten der nächsten Nervenzellen. Zwischen Axon und Dendriten der nächsten Nervenzelle besteht eine kleine Lücke die man als Synapse oder synaptischer Spalt bezeichnet.[28] Nervenzellen tauschen im synaptischen Spalt Informationen durch Freisetzung von Neurotransmittern aus. Die Transmitter sind chemische Botenstoffe, die durch Einwirkung auf die Dendritenmembranen ihre elektrische Polarität verändern. Die Dendriten sammeln die veränderten Polaritäten und versenden diese entlang des Axons zu den anderen Dendriten der Nervenzelle.[29]

---

[27] (Vgl. Becker-Carus/Wendt (2017): S. 52)
[28] (Vgl. Becker-Carus/Wendt (2017): S. 34 f.)
[29] (Vgl. Becker-Carus/Wendt (2017): S. 36 f.)

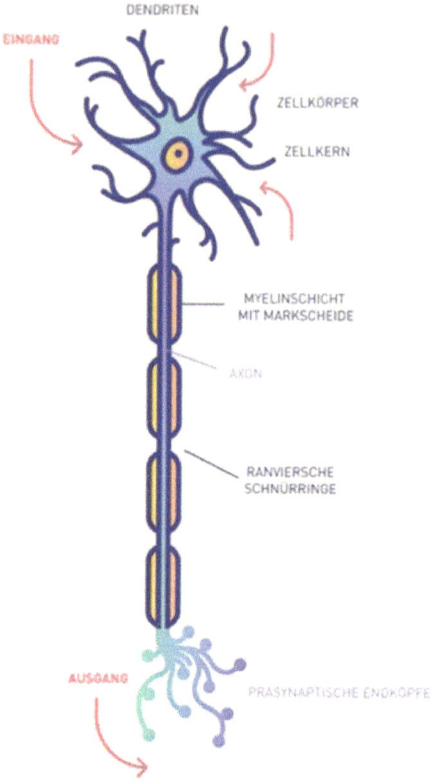

Abbildung 3: Der Aufbau einer Nervenzelle.[30]

Wenn Nervenzellen synchron aktiv sind, binden sie sich enger aneinander. Umso häufiger sie synchron elektrische Potenzialveränderungen versenden, desto stärker wird die Synapse. So funktioniert, oberflächlich betrachtet, der Lernprozess im menschlichen Gehirn – je öfter eine Tätigkeit, beispielsweise das Lernen eines Instruments, also wiederholt wird, desto stärker verbinden sich die Synapsen. Resultierend daraus entsteht Erfahrungswissen.[31] Durch konstant wiederholte, präsente Markenkommunikation können somit Markenbotschaften und Assoziationen verankert werden. Wie maßgeblich der Einfluss der Wiederholung ist, wird in Kapitel 2.4 verdeutlicht.

---

[30]   (Van de Sand (2017): S. 23)

[31]   (Vgl. Becker-Carus/Wendt (2017): S. 37 ff.)

Den modernen Messverfahren der Hirnforschung, die eine Echtzeit-Beobachtung von Prozessen im Gehirn ermöglichen, verdanken wir die Erkenntnis, dass Menschen ihre Entscheidungen unbewusst treffen und erst im Nachhinein rationalisieren. Die Prozesse des Gehirns sind nie rein rational, Faktoren wie Emotionen, Motive und Persönlichkeitsmerkmale sind ausschlaggebend, wenn man die Handlungen und Entscheidungen von Konsumenten verstehen will. Kontaktpunkte mit Marketingkommunikation müssen Emotionen auslösen und dürfen nicht auf absolut rationalen Motiven beruhen um im Gedächtnis zu bleiben.[32]

2.3.3 Der Antrieb menschlichen Handelns

Der Großteil menschlichen Handelns basiert auf dem Bedürfnis, positive Emotionen zu erleben und Unlust zu vermeiden. Das Verhalten des Menschen wird aber noch von drei weiteren, komplexeren Motiven der Sicherheit, Erregung und Autonomie darin geprägt, welche Ziele er sich setzt und mithilfe welcher Umsetzung er sie erreicht. Auf die lange Zeit unseres Lebens betrachtet sind Motive eine relative Konstante, im Laufe eines Tages können sie jedoch viele Variablen bilden. Das Unterbewusstsein richtet unsere Aufmerksamkeit größtenteils auf Marken und Produkte aus, die im Sinne unserer Motive stehen. Anhand Motiven definieren sich durch Produkte und Marken abgegrenzte Zielgruppen; wiederum durch die Ansprache richtiger Motive in Markenbotschaften kann Differenzierungspotenzial zum Wettbewerb geschaffen werden.[33]

Im vergangenen Kapitel 2.3.1 wurde erklärt, wie Wahrnehmung und Aufmerksamkeit funktionieren; nun ist es relevant zu erklären, wie von der Aufmerksamkeit selektierte Reize unser Handeln beeinflussen. Die Erkenntnisse der Hirnforschung haben zeigen auf, dass der Mensch basierend auf seinen positiv oder negativ abgespeicherten, gefühlten und erlebten Emotionen intuitiv Entscheidungen trifft. Das Gehirn stuft Marken, Produkte und Dienstleistungen, die keine Emotionen auslösen als wertlos ein. Der Wert eines hergestellten Produktes ist nie derselbe wie der des endgültigen Preises – der Wert eines Produktes entsteht im Bewusstsein des Kunden.[34] Emotionen formen unser Kauf- und Entscheidungs-

---

[32] (Vgl. Held/Scheier (2018): S. 55 ff.)
[33] (Vgl. Van de Sand (2017): S. 33)
[34] (Vgl. Häusel (2012): S. 17 f.)

verhalten, somit gilt für die Markenkommunikation positive Emotionen auszulösen und negative zu vermeiden.

Menschliche Emotionen werden gänzlich durch das Belohnungs- und Vermeidungssystem gesteuert, sie generieren Meinungen, Einstellungen und Gefühle zu Stimuli und entscheiden über weitere Schritte des Verhaltens. Das Belohnungssystem ist in die zwei Subsysteme der Belohnungsvorhersage/-erwartung und dem eigentlichen Belohnungssystem unterteilt. Die Belohnungserwartung motiviert den Körper, das angestrebte Gefühl der Ausschüttung von Glückshormonen zu erreichen. Das eigentliche Belohnungssystem, welches sehr stark von Dopamin, einem überwiegend erregenden Neurotransmitter, abhängig ist, schüttet beim Erleben des belohnenden Moments das Glückshormon Endorphin aus. Gegensätzlich dazu steht das analog gebaute Vermeidungssystem das ebenfalls zwei Subsysteme, einerseits für die Erwartung einer Strafe, andererseits für die Verarbeitung der Strafe besitzt. [35]

Hierbei ist es interessant, das gesellschaftliche Phänomen der Abhängigkeit durch Technologie, insbesondere Social Media, und der daraus resultierenden Beeinträchtigung des Belohnungssystems und der Dopamin-Ausschüttung anzumerken. Harvard Wissenschaftler stellten 2012 in einer Studie fest, dass Selbstdarstellung in Social Media ein Glücksgefühl im Gehirn aktiviert, das normalerweise mit Essen, Geld und Sex assoziiert wird.[36] Jede Textnachricht, jedes Like, jeder Follower – die Interaktion mit Social Media und Smartphones schüttet Dopamin aus. Die Dopaminausschüttung wiederum fühlt sich gut an, das mögen wir, deshalb versuchen wir kontinuierlich durch jene Methoden dasselbe Gefühl erneut zu erleben. Dopamin ist die gleiche Substanz, die uns das Gefühl der Ekstase verleiht, wie beim Rauchen, Alkohol trinken, Glücksspiel. Rauchen, Glücksspiel und Alkohol unterliegen jedoch einer Altersbeschränkung. Ganz im Gegenteil das Smartphone und Social Media, was das Äquivalent dazu ist, einem Jugendlichen Zugang zum Schnapsschrank zu gewähren und dabei zu betonen: „Schau mal da, wenn deine Pubertät zu anstrengend wird – bediene dich". Verdeutlicht ausgedrückt setzen wir die Gesellschafft einer suchterzeugenden Technologie aus, die ohne weiteres maßlos „konsumiert" werden kann. Im Kontext des neurowissenschaftlichen Marketings würde sich hier eine unorthodoxe Weise der Kommuni-

---

[35] (Vgl. Häusel (2012): S. 31 f.)
[36] (Vgl. Tamir/Mitchell (2012): S. 4 f.)

kation anbieten: Durch kluge Konzeption wäre es im Bereich des Möglichen, Dopamin-Manipulation durch direkten Kontakt zum Konsumenten in Social Media oder Applikationen des Werbetreibenden, z.B. Benachrichtigungen von Shopping-Apps einer Bekleidungsmarke, zu betreiben.

Der Mensch richtet seine Handlungen stets nach dem Belohnungs- und Vermeidungssystem aus. Unsere Motive entscheiden über Motivation oder entsprechend Demotivation, die wir einer Handlung entgegenbringen. Motive befähigen ihren Besitzer, bestimmte Dinge in ihrer Umwelt wahrzunehmen, dadurch eine emotionale Erregung zu erleben, den Impuls zur Handlung zu verspüren und reaktiv darauf zu handeln.[37]

2.3.3.1 Motive

Menschliche Motive sind festgelegte Konstanten, die nicht durch externe Faktoren wie Markenkommunikation erzeugt werden können. Der Hirnforscher Manfred Spitzer beschreibt die Problematik folgendermaßen: „Die Frage danach, wie man Menschen motiviert, ist etwa so sinnvoll wie die Frage ‚Wie erzeugt man Hunger?‘ Die einzig vernünftige Antwort lautet ‚Gar nicht, er stellt sich von alleine ein‘.“ Marken und Produkte müssen also so kommuniziert und gestaltet werden, dass sie vorhandene Motive gezielt ansprechen und nicht versuchen, künstliche Motive zu erzeugen. In jedem Menschen sind seit den ersten Lebensjahren die drei zentralen, sozialen Motivationssysteme der Sicherheit, Erregung und Autonomie verankert. Um erfüllt leben zu können, bedarf es jedem Menschen an einem unterschiedlichen Maß dieser Motive, dennoch verhalten sie sich über Zeit und Situation hinweg bei jedem Individuum konstant. Sie bestimmen, welche Laufbahn ein Mensch einschlägt, seine sozialen Strukturen sowie Ziele und prägen maßgeblich seine Verhaltensmuster. Welche Motive sich im Verlauf des späteren Lebens stärker ausprägen, kann jedoch vom individuellen Charakter oder kultureller Entwicklung stark beeinflusst werden.[38]

2.3.3.2 Ziele

Motive und Ziele sind genauso wie Wahrnehmung und Aufmerksamkeit; Begrifflichkeiten, die sich ähneln, leicht zu verwechseln und doch verschieden sind. Ziele

---

[37] (Vgl. Müsseler/Rieger (2017): S. 224 ff.)

[38] (Vgl. Held/Scheier (2018): S. 97)

beschreiben, was mit einer Handlung erreicht werden soll. Motive hingegen sind der Grund warum eine Handlung überhaupt ausgeübt wird. Demnach beeinflussen Motive, welche Ziele einem Menschen wichtig sind.[39] Ziele sind erwünschte Zustände mit dem Zweck, das Belohnungssystem des Menschen anzusprechen. Der Mensch konsumiert also, um belohnende Ziele zu erreichen, somit kann ohne Zielansprache nicht konsumiert werden. Konsumpsychologen kategorisieren drei Zieltypen: „Have, Do, Be.". Durch die Erreichung eines Ziels soll man entweder etwas besitzen („Have"), in der Lage sein etwas zu tun („Do") oder etwas zu sein („Be").[40] Mit jeder noch so kleinen Handlung in unserem Alltag soll ein Ziel erreicht werden: Man steigt in die Bahn mit dem Ziel, zur Arbeit zu gelangen; man kauft sich Nahrung mit dem Ziel der Sättigung; oder man kauft sich eine Rolex mit dem Ziel, seinen Status zu präsentieren. Kommunikation und Gestaltung von Marken und Produkten müssen also auf Zielzustände ausgerichtet werden. Wobei mehrere Ziele in einem Produkt/Marke bestehen können, beispielsweise gibt es Menschen, die sich einen BMW mit dem Ziel eines guten Fahrgefühls kaufen, während andere lediglich den mit BMW verbundenen Status anzielen.

Durch Ziele wird das Verhalten von Menschen durch Integration von Motivation und Kognition gesteuert, einen gewünschten Zustand anzustreben. Ist ein Ziel einmal gesetzt, nimmt sich unser Unterbewusstsein intuitiv der Überwachung des Zielerreichungsgrades an. In der Neuropsychologie nenn man diesen Vorgang Implizite Zielüberwachung. Das Gehirn gleicht automatisch und unterbewusst unsere Ziele mit unserer Umwelt ab und entscheidet, was uns potenziell bei ihrer Erreichung unterstützen kann. Produkte senden wiederum durch ihr Design Signale aus, die das Gehirn interpretiert, und letztendlich darüber entscheidet, ob das Produkt unserem Ziel dienen kann. Des Weiteren kann unterteilt werden in implizite und explizite Ziele; beispielsweise dient der Kauf einer Winterjacke dem expliziten Ziel, uns im Winter warm zu halten. Das implizite Ziel ist die Anerkennung unseres Modebewusstseins.[41]

2.3.3.3 Persönlichkeit

Motive sind der Grund, warum Menschen handeln, Ziele beschreiben, was mit einer Handlung erreicht werden soll. Ein weiterer fundamentaler Baustein der Fra-

---

[39] (Vgl. Van de Sand (2017): S. 36)
[40] (Vgl. Scheier et al. (2012): S. 91 ff.)
[41] (Vgl. Scheier et al. (2012): S. 99 f.)

ge, was Menschen zum Handeln antreibt, ist die Persönlichkeit. Die ersten Lebensjahre prägen maßgeblich unsere Motive. Diese formen bei jedem Menschen unterschiedliche Persönlichkeitsmerkmale, die als „Trait" oder „State" kategorisiert werden. Der „Trait" definiert die grundlegende Motivlage eines Menschen, in etwa seine Wesenszüge und Charaktereigenschaften. Diese Ausprägungen unserer Motive bestimmen unsere Persönlichkeit und filtern unsere Wahrnehmung, sodass wir nur auf Reize reagieren, die unsere Motive ansprechen. Auf Basis dieser Motive ist es möglich, Zielgruppen abzugrenzen. Der „State" beschreibt einen Zustand von im Verlaufe des Tages kurzfristig veränderbaren Verfassungszuständen des Menschen, welcher stark von Routinen und Ritualen, die das Belohnungssystem aktivieren, abhängig ist. Der Grundzustand eines Menschen ist das Gleichgewicht seiner Gefühlslage bzw. Motive, die „Trait" und „State" bestimmen. Bei Ungleichgewicht unserer Gefühlslage bzw. Motive richtet sich das menschliche Handeln danach aus, den Zustand des Gleichgewichts wiederherzustellen.

Um erfolgreich mit den diversen Zielgruppen kommunizieren zu können gilt es, ihre alltäglichen Routinen und Rituale dahingehend zu analysieren, wann ihre Gefühlslage bzw. Motive ins Ungleichgewicht geraten, um ihnen gezielt Lösungen zur Erreichung des Gleichgewichts vermitteln zu können. Denn das Unterbewusstsein analysiert stetig die Umwelt nach Reizen, die ansprechend für unsere Motive und somit für die Bereinigung des Ungleichgewichts sind. Es gilt in eben diesen Situationen das Unterbewusstsein durch Marketingkommunikation zu reizen, sodass es an das Bewusstsein des Menschen appelliert und somit erfolgreich das Kaufbzw. Entscheidungsverhalten gegenüber der Marke / Produkte prägt.[42]

Im späteren Verlauf dieser Arbeit wird untersucht, wie die Coca-Cola Company die Erkenntnisse des Neuromarketings erfolgreich verwendet, um den Kampagnen ihrer Marken enorme Wirkung zu verleihen. Im Kontext des aktuellen Kapitels appelliert Coca-Cola in seinen Kampagnen an das Motiv nach Sicherheit, indem soziale Geborgenheit durch Themen wie gemeinsames Erleben, Zusammensein mit Freunden oder Zugehörigkeit zu einem größeren Ganzen kommuniziert wird. Im Case Study der Coca-Cola Company wird der aktuelle Werbespot für die Fußball Weltmeisterschaft 2018 „Wir erfrischen eure Leidenschaft" unter anderem auf eben diese Themen hin analysiert. Coca-Cola kommuniziert dementsprechend soziale Geborgenheit dort, wo sich dieses Motiv der Zielgruppe im Un-

---

[42] (Vgl. Held/Scheier (2018): S. 105 ff.)

gleichgewicht befindet. Diese Werbebotschaften werden an allen Stationen, die der Konsument beim Gebrauch öffentlicher Verkehrsmittel durchläuft, platziert, da besonders hier wenig Kommunikation stattfindet, weil niemand sich kennt und daher kaum jemand miteinander spricht. Es herrscht Isolation und folglich ist das Geborgenheitsmotiv im Ungleichgewicht, das Unterbewusstsein ist dementsprechend auf Empfänglichkeit für Reize, die jenes Motiv ansprechen polarisiert und die Kampagne entfaltet eine enorme Wirkung auf den Konsumenten.[43]

Es gilt zu verstehen, was den Konsumenten antreibt, seine Motive, Ziele, „Traits" und „States" bestimmen über die Relevanz von Kommunikation und Produktgestaltung. Um bei der Zielgruppe erfolgreich zu sein, muss die Marketingkommunikation auf den Antrieb menschlichen Handelns abgestimmt werden. Der Mensch ist ein Gewohnheitstier, dahingehend kann die Kraft von Ritualen und Routinen genutzt werden, um Marken und Produkte in den Tagesablauf von Konsumenten zu integrieren um dadurch ein nachhaltig wirkendes Marketing zu kreieren. Durch Integration in den Tagesablauf wird die Nutzung der Marke oder des Produktes an die Endorphinausschüttung des Rituals gekoppelt. Das Belohnungssystem des Konsumenten assoziiert nun die Marke oder das Produkt mit dem Ritual und fördert den wiederholten Konsum bei gleichbleibender Handlung.[44]

2.3.3.4 Letzte Kriterien der Kaufentscheidung

Nachdem die Marketingkommunikation die Treiber Emotionen, Motive und Ziele gezielt angesprochen hat, muss lediglich eine letzte Hürde der drei Kriterien der Relevanz, Glaubwürdigkeit und Differenzierung überwunden werden um die Kaufentscheidung final zu prägen. Wie in Erfahrung gebracht wurde, werden viele Entscheidungen durch das Unterbewusstsein getroffen, jedoch können keine Entscheidungen umgesetzt werden ohne dem Bewusstsein die nötige Relevanz zu kommunizieren. Das Ziel der Relevanz ist es der Grundfunktion (beispielsweise Stillung von Hunger oder Durst) eines Produktes, sprich den expliziten Basiszielen Wichtigkeit zu verleihen um bewusst, rational denkende Konsumenten anzusprechen. Hyperbolisch ausgedrückt; wenn ein Schnitzel nicht die Basisfunktionen eines Schnitzels im Supermarkt kommuniziert, sondern im Vordergrund als

---

⁴³ (Vgl. Held/Scheier (2018): S. 109)
⁴⁴ (Vgl. Held/Scheier (2018): S. 111 ff.)

extravagantes Produkt (Bsp. Toasty) angepriesen wird entsteht eine Diskrepanz und das Produkt wird nicht wahrgenommen.[45]

Das zweite Kriterium für das treffen von Kaufentscheidungen ist die Glaubwürdigkeit, die als Leistungsversprechen integraler Bestandteil der Markenkommunikation ist. Hierbei spielt das Empfehlungsmarketing in Form von Symbolik eine maßgebliche Rolle, umso detaillierter sich Gütesiegel wie beispielsweise Fairtrade oder Bio mit den Emotionen, Motiven und Zielen des Konsumenten abstimmen desto höher ist die erzielte Werbewirkung. Die Glaubwürdigkeit von Produkten ist somit ein entscheidender Faktor für den Wiederkauf und damit essentiell für eine nachhaltige Kundenbeziehung.[46]

Das letzte Kriterium der Kaufentscheidung ist die Differenzierung vom Wettbewerb. Mithilfe des Neuromarketings kann Differenzierung explizit über das Ansprechen des Bewusstseins erfolgen, indem Unique Selling Points im Produktdesign kommuniziert werden und somit die selektive Aufmerksamkeit des Kunden erfassen. Weitaus effizienter ist die Ansprache des Unterbewusstseins durch implizite Signale oder das sogenannte Brand Code Management (eine Methode der Markenpräsentation auf Basis der Neuropsychologie, vgl. Kap. **5.3**), einer Methode der Strategieformulierung, -umsetzung und -evaluierung mit dem Ziel Marken Eingang in das implizite System der Menschen zu gewähren um dort gespeicherte Gefühle, Erinnerungen und Emotionen zu stimulieren und somit Kaufverhalten zu generieren. Die Brand Codes können gezielt zur Differenzierung von Produkten bzw. Marken eingesetzt werden, indem sie das Belohnungssystem aktivieren und somit Inhalte und Botschaften von Produkten und Marken nachhaltig im Gehirn speichern.

Der Antrieb menschlichen Handelns wird durch die grundlegenden Motive, Ziele und Persönlichkeit eines Menschen geprägt und bestimmen über die Relevanz von Marketingkommunikation, Leistungsversprechen und Produktgestaltung. Marken und Produkte müssen auf die ins Ungleichgewicht geratenen Motive der Zielgruppen zugeschnitten werden, denn das Unterbewusstsein möchte während unserer verschiedenen „States" im Alltags stetig das Gleichgewicht der Gefühlslage wiederherstellen und prägt dementsprechend unsere Handlungen. Diese geprägten Handlungen während des Tagesablaufs gilt es zu verstehen um Produkte

---

[45] (Vgl. Scheier et al. (2012): S. 47 ff.)
[46] (Vgl. Scheier et al. (2012): S. 47 ff.)

und Marken in Routinen und Ritualen an das Belohnungssystem des Menschen zu koppeln und damit eine nachhaltig wirkende Kundenbindung zu kreieren. Für ein erfolgreiches Marketing gilt es schlussendlich die Hürde der letzten Kaufentscheidungskriterien zu meistern indem die Faktoren der Relevanz, Glaubwürdigkeit und Differenzierung in Kommunikationsmaßnahmen und Produktgestaltung sichergestellt werden.

2.4 Psychologie der Massen

„We all have a tendency to surrender our moral authority to ‚the group', to still our own voices and assume that the group will handle whatever difficult issue we face. We imagine that the group is making thoughtful decisions, and if the crowd is moving in a certain direction, we follow, as if the group is some moral entity larger than ourselves. In the face of the herd, our tendency is to go quiet and let the group's brain and soul handle things. Of course, the group has no brain or soul separate from each of ours. But by imagining that the group has these centers, we abdicate responsibility, which allows the group to be hijacked by the loudest voice, the person who knows how brainless groups really are and uses that to his advantage." – James Comey[47]

Der Drang nach Individualität ist heutzutage ausgeprägter als jemals zuvor, dennoch ist und bleibt der Mensch ein Herdentier mit der Tendenz, jegliche Verantwortung an die Gruppe abzutreten. Für das Neuromarketing ist es daher essentiell die Gruppendynamik von Menschen zu verstehen, um sie geschickt im Sinne der Markenkommunikation nutzen zu können. Der französische Sozialpsychologe Gustave Le Bon, auch Vater der Massenpsychologie genannt, handelte in seinem sehr einflussreichen Klassiker „Psychologie der Massen" die erste systematische Betrachtung psychologischer Eigenschaften von Menschenmassen ab, wie das Verständnis des Herdentriebs essentiell ist um die wahre Natur des Menschen verstehen und beeinflussen bzw. manipulieren zu können. Le Bon definierte die Masse als eine Versammlung von Menschen, in der die bewusste Persönlichkeit schwindet und die Gefühle und Gedanken aller einzelnen sich nach derselben Richtung orientieren. Es bildet sich eine psychologische Masse, die beeinflussbar, in ganz bestimmter Art als einziges Wesen fungiert.[48]

---

[47] (Comey (2018): S. 39)
[48] (Vgl. Le Bon (2009): S. 29)

Die wichtigsten Erkenntnisse von Le Bons Werk sind die nötige Beschaffenheit von Ideen, um auf die Masse einzuwirken. In unserem Kontext sind die Ideen die Kommunikationsmaßnahmen des Marketings. Des Weiteren wird die Emotionalität als hauptsächlicher Beeinflussungsfaktor der Massen gesehen. Wie im vergangenen Kapitel 2.3.2 bereits in Erfahrung gebracht wurde, werden Entscheidungen von Menschen unterbewusst getroffen und erst im Nachhinein rationalisiert. Und zuletzt die essentiellen Eigenschaften, die notwendig sind, um eine beeinflussende Wirkung auf die Massen auszuüben. Was und wie muss die Marketingkommunikation im Rahmen der Massenpsychologie kommunizieren, um erfolgreich zu sein?

Gustave Le Bon unterscheidet zunächst zwischen zwei Arten von Ideen. Auf der einen Seite stehen die fundamentalen Grundideen, das sind Ideen mit großer Dauerhaftigkeit, die in einer Lebensspanne betrachtet, zeitlos erscheinen. Beispielsweise das Christentum oder die demokratischen und sozialen Staatsformen der Moderne. Auf der anderen Seite stehen die kurzlebigen Ideen, die unter dem Einfluss eines Augenblicks zufällig und flüchtig entstehen aber dennoch machtvoll sein können, wie zum Beispiel der kurzfristige Hype um die Spendenaktion Ice Bucket Challenge im Sommer 2014.[49] Zur besseren Verständlichkeit beschreibt Le Bon die Differenz zwischen beiden Formen von Ideen metaphorisch wie folgt:

> „Man kann sich die Grundideen als die Wassermasse eines langsam dahinströmenden Flusses, die flüchtigen Ideen als die kleinen, immer wechselnden Wellen vorstellen, die seine Oberfläche erregen und, obwohl ohne wirkliche Bedeutung, sichtbarer sind als der Flusslauf selbst."[50]

Die grundlegenden Ideen bilden also eine fortlaufende Konstante, die mehrere Generationen überdauert während sich kurzlebige Ideen variabel und stetig im Verlauf der Zeit bilden.

Nicht jede Idee findet Resonanz in der Masse. Um Ideen an die Masse zu kommunizieren, gilt, dass sie keiner Logik bedürfen, aber dafür den Zeitgeist treffen, sich auf eine gemeinsame Wertebasis beruhen oder die Weltansicht der Menschen bestätigen müssen, um schnell angenommen zu werden. Konzernokratie (Herrschaft der Konzerne) könnte beispielsweise in einigen Generationen den Wert der

---

[49] (Vgl. Kiesel (2014): https://www.socialmediakonzepte.de/eiswasser-und-eiergrapscher-der-challenge-hype-in-sozialen-netzwerken/. (Abruf: 02.07.2018))

[50] (Le Bon (2009): S. 62 f.)

aktuellen Grundidee von Demokratie ersetzen und somit auch die Formen der Vermarktung beeinflussen. Im hier und jetzt ist es für die Marketingkommunikation essentiell, sich an kurzlebigen Ideen zu orientieren bzw. diese zu schaffen.[51]

Die nächste Erkenntnis ist die Emotionalität in Form von großen Worten und Bildern als hauptsächlicher Beeinflussungsfaktor der Massen. Individuen treffen Entscheidungen unbewusst auf emotionaler Basis und rationalisieren diese erst im Nachhinein. Nach Le Bon sind die Bilder, die im Gehirn des Menschen durch Erinnerungen an eine Person, ein Ereignis oder einen Unglücksfall fast so lebendig wie die Wirklichkeit. „Theatervorstellungen", die das Bild in klarster Form wiedergeben, haben stets einen ungeheuren Einfluss auf die Massen. Das moderne Äquivalent zum Theater sind Fußballspiele und allgemeine Sportveranstaltungen, Festivals und Konzerte. Um die Masse durch Kommunikation zu kontrollieren oder zu beeinflussen, gilt es, packende Bilder hervorzubringen, die die Menschenmasse erfüllen und ergreifen. Denn es gilt, dass die versammelte Masse gleichzeitig dieselben Gefühle empfindet.[52] Oder wie Le Bon es auszudrücken pflegt: „Die Kunst, die Einbildungskraft der Massen zu erregen, ist die Kunst, sie zu regieren."[53] Für das Marketing gilt sich nicht auf logische oder rationale Kommunikationsstrategien gegenüber der Masse zu stützen, sondern an die Emotionalität eines gemeinsam erlebten Moments zu appellieren. Im Rahmen des Fallbeispiels in Kapitel **6** wird näher verdeutlicht, wie die Coca-Cola Company Emotionalität des gemeinsam erlebten Momentes im aktuellen Werbespot der Fußballweltmeisterschaft 2018 verwendet, um das Glücksgefühl des gemeinsamen Jubelns während des Klimax eines Tores der eigenen Mannschaft in Verbindung mit der eigenen Marke zu bringen.

Die letzte fundamentale Erkenntnis sind die essentiellen Eigenschaften, deren es bedarf, um auf die Massen einzuwirken. Was und wie muss die Marketingkommunikation im Rahmen der Massenpsychologie kommunizieren, um erfolgreich zu sein? Le Bon definierte drei Wirkungsmittel um Massen Ideen einzuflößen: Behauptung, Wiederholung, Übertragung oder auch Ansteckung. Diese Methodik wirkt langsam, ist jedoch auf Dauer erfolgreich. Um der Masse eine Idee erfolgreich zu kommunizieren muss zuerst eine Behauptung aufgestellt werden, die den

---

[51] (Vgl. Le Bon (2009): S. 62 ff.)
[52] (Vgl. Le Bon (2009): S. 68 ff.)
[53] (Le Bon (2009): S. 72)

Zeitgeist trifft, sich auf eine gemeinsame Wertebasis beruht oder die Weltansicht der Menschen bestätigt. Die Behauptung hat jedoch erst dann wirklichen Einfluss, wenn sie kontinuierlich mit wiedererkennbaren Ausdrücken wiederholt wird. Für Napoleon war die Wiederholung die einzig essentielle Redefigur, denn das Wiederholte befestigt sich so sehr in den Köpfen, dass es schließlich als bewiesene Wahrheit angenommen wird. Schlussendlich muss nur noch die Übertragung bzw. Ansteckung einer großen Audienz in Massenmedien erfolgen.[54]

Das Marketing kann also Behauptungen aufstellen, die keiner Logik bedürfen, und je freier diese von Belegen und Beweisen sind, desto ehrfürchtiger die Auffassung durch die Massen. Werden diese Behauptung kontinuierlich und präsent durch Massenmedien in den verschiedensten Situationen des Tagesablaufs platziert, werden sie letztendlich geglaubt und beeinflussen Kauf- und Entscheidungsverhalten des Konsumenten. 2016 verkündete die Coca-Cola Company seinen aktuellen Werbeclaim „Taste the Feeling". Dieser verkörperte die klare Botschaft, dass eine Coca-Cola zu trinken ein Genuss ist, der jeden noch so alltäglichen Moment zu einem besonderen macht. Das ist mitunter, ebenfalls im Kontext dieser Arbeit, der Best Practice für das Schema der Behauptung, Wiederholung, Übertragung. Die Behauptung hier ist eindeutig: Trink eine Coca-Cola und jeder Moment in deinem Alltag wird dadurch besonders. Die Wiederholung findet kontinuierlich statt, da dieser Werbespot seit dem Launch 2016 der primäre globale Werbeclaim des Unternehmens ist und dementsprechend in mehr als 200 Ländern ausgestrahlt wird. Durch die kontinuierliche Wiederholung soll der Konsument zum einen die im Werbespot gezeigten Momente mit dem Trinken von Coca-Cola assoziieren und zum anderen glauben, dass jeder alltägliche Moment, allein durch das Trinken einer Coke, zu einem dieser Coca-Cola Momente verwandelt werden kann.[55] Der Vize Präsident für Global Design von Coca-Cola, James Sommerville umschmeichelt die Werbewirkung wie folgt:

> „Die Bilder zeigen kontextbezogene Augenblicke im Leben der Menschen, bei denen die Grenzen zwischen dem, was junge Menschen ausmacht, und dem, was sie gerne tun, verwischen. Die gesamte kreative Kampagne dient dazu, Coca-Cola so in Szene zu setzen, dass die Farben, Texturen und Emotionen der Bilder hervorgehoben wer-

---

[54] (Vgl. Le Bon (2009): S. 117 ff.)

[55] (Vgl. Zaborowski (2016): https://www.coca-cola-deutschland.de/taste-the-feeling-coca-cola-mit-neuer-globaler-kampagne. (Abruf: 02.07.2018))

den. Jede Interaktion ist einzigartig und wird durch den Genuss einer Coca-Cola noch besonderer."[56]

Abbildung 4: Coca-Cola Werbespot „Taste the Feeling"
https://www.youtube.com/watch?v=5FsnuHf7vFA.[57]

Nach Scheier und Held wirkt sich das Herdendenken auf die Anwendung von Produkten und Marken aus, da Marken als Statussymbole und Symbole für die Zugehörigkeit einer sozialen Schicht/Gruppe/Herde verwendet werden. Dadurch entwickeln sich der Schicht/Gruppe/Herde entsprechend Marken- und Produktnetzwerke, die Ähnlichkeiten mit sozialen Netzwerken wie Familie oder Freundeskreisen aufweisen.[58] Das Neuromarketing kann sich Le Bons Ansätze am Beispiel von Coca-Cola strategisch zu Nutze machen, um das Verhalten von Konsumenten nachhaltig zu beeinflussen. Zudem können nach Scheier und Held im Rahmen des Neuromarketings Markennetzwerke bzw. Produktfamilien innerhalb eines Unternehmens gegründet werden, um die Assoziationen des Konsumenten mit einem Produkt auf weitere zu verteilen, sodass möglichst viele Marken von gegenseitigem Erfolg profitieren. Am Ende jedes Coca-Cola Werbespots werden beispielsweise die symbolischen Farben jeder Coke-Sorte einmal aufgeführt, um sie als integralen Bestandteil der Marke zu kommunizieren.

---

[56]   (Zaborowski (2016): https://www.coca-cola-deutschland.de/taste-the-feeling-coca-cola-mit-neuer-globaler-kampagne. (Abruf: 02.07.2018))

[57]   (Coca-Cola (2016): https://www.youtube.com/watch?v=5FsnuHf7vFA. (Abruf: 02.07.2018))

[58]   (Vgl. Held/Scheier (2018): S. 31 ff)

3 Einordnung der Werbung

Das Ziel der vorliegenden Arbeit ist zu untersuchen, wie das Neuromarketing die Werbung der Zukunft beeinflussen wird. Dahingehend muss im Vorfeld die Werbung, als Bestandteil der Kommunikationspolitik, eingeordnet und ihr aktueller Stand betrachtet werden. Manfred Bruhn definiert die Kommunikationspolitik wie folgt:

> „Kommunikationspolitik beschäftigt sich mit der Gesamtheit der Kommunikationsinstrumente und -maßnahmen eines Unternehmens, die eingesetzt werden, um das Unternehmen und seine Leistungen den relevanten Zielgruppen der Kommunikation darzustellen und/oder mit den Anspruchsgruppen eines Unternehmens in Interaktion zu treten."[59]

Im Rahmen der Digitalisierung wird die Kommunikationspolitik nicht selten in den Mittelpunkt gestellt, da elektrische Medien eine außerordentlich gezielte Kontaktaufnahme mit der rasant wachsenden Zahl an Nutzern entsprechender Geräte und Netze ermöglichen.[60] Die digitale Gestaltung des Alltags verändert das Verhältnis von Werbetreibenden und Werbeempfänger und bringt einen neuen, aktiven Kundentypus hervor. Universell verfügbare digitale Anwendungen und Netzwerke verwandeln Konsumenten vom bloßen Rezipienten zum Akteur und Mitgestalter, der Werbung nicht nur mehr wahrnimmt, sondern auch kommentiert, teilt und sie sich mit eigenen kreativen Mitteln zu eigen macht. Dieser Megatrend verwandelt die Interaktion mit dem Kunden zum Kernbestandteil aller Aktivitäten und stellt das Marketing vor neue Anforderungen.[61] Des Weiteren geht durch die kreative Gestaltung von Leistungsprozessen mit Hilfe des Marketinginstrumentariums eine instrumentale Ausdifferenzierung einher, von der unter anderem die Kommunikationspolitik (z.B. Online-Werbung) betroffen ist. Insbesondere durch die Technologiedynamik ist es zu erwarten, dass permanent neue Instrumente erprobt werden.[62]

Durch die Digitalisierung nimmt die Zahl der Kommunikationskanäle und -Plattformen stetig zu, das Resultat ist ein Bedeutungszuwachs des Marketings, der sich in der Budgetentwicklung wiederspiegelt. In Abbildung 1 verdeutlichen

---

[59] (Bruhn (2016): S. 199)
[60] (Vgl. Köhler (2018): S. 321)
[61] (Vgl. Perrey (2018): S. 259 f.)
[62] (Vgl. Bruhn (2018): S. 34)

die Marktprognosen im Zeitraum von 2016 bis 2019 ein Budgetwachstum von über 16 %. Digitale Marketinginvestitionen profilieren sich mit einem Anteil von weit mehr als einem Drittel als primärer Werbeträger. Der Investitionsfokus wird zunehmend auf Videokampagnen und Soziale Netzwerke gelegt, denn Endgeräte werden als die Werbemedien der Zukunft gesehen. Diese Entwicklung geht Hand in Hand mit dem sogenannten Mobile-First Index von Google, der den Fokus der Search Engine Optimierung auf Mobile Webpages legt.[63] Weiterhin wird diese Entwicklung von den Nutzerstatistiken von Amazon gestützt, denn bereits im Jahr 2015 gingen nahezu 70 % der Bestellungen auf Amazon.com von mobilen Endgeräten aus.[64] Berechnungen, die den Broadband-Markt miteinbeziehen, prognostizieren die weltweiten Mediaausgaben in zwei Jahren auf mehr als 2 Billionen US-Dollar.[65]

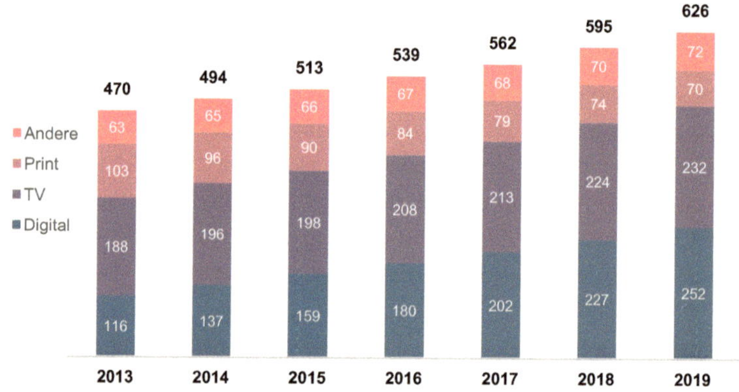

Abbildung 5: Entwicklung der weltweiten Marketingausgaben bis 2019. (Eigene Darstellung, in Anlehnung an: Magna Global Juni 2015; McKinsey)[66]

---

[63] (Vgl. Schröer (2018): https://onlinemarketing.de/news/google-mobile-first-index-seo. (Abruf: 03.07.2018))

[64] (Vgl. Eadicicco (2015): http://time.com/4162188/amazon-holiday-shopping-statistics-2015/. (Abruf: 03.07.2018))

[65] (Vgl. Perrey (2018): S. 260 f.)

[66] (Vgl. Perrey (2018): S. 260)

Die Kundenorientierung erhält durch die Digitalisierung einen hohen Stellenwert. Die zur Verfügung stehenden Daten bieten die Möglichkeit, Bedürfnisse von Konsumenten, sein Verhalten und seine Lebenswirklichkeit besser als in der analogen Welt zu analysieren und vorherzusagen.[67] Denn im Rahmen der Kundenorientierung wird das Angebot und die Vermittlung von, aus Kundensicht, relevanten Informationen in den Mittelpunkt der Kommunikationspolitik gestellt. Der Kunde fordert situativ unterschiedliche Informationen, nur wenn es dem Anbieter gelingt, diesen unterschiedlichen und sich im Zeitverlauf verändernden Kundenanforderungen zu entsprechen, kann er Relevanz (Vgl. Kap. 2.3.3.4) schaffen. Andernfalls ist das Resultat eine ablehnende Haltung des Konsumenten gegenüber der Kommunikationspolitik und damit auch der Marke des Anbieters.[68] Dadurch gerät die klassische Massenansprache immer weiter unter Druck, von Technologie getriebene Kommunikationskanäle erfüllen eben jene Informations- und Entertainmentansprüche in Bezug auf Ort, Zeit, Medium und Kontextflexibilität. Die traditionellen Medien können diesen Ansprüchen nicht mehr gerecht werden. Klassische Printformate, somit auch damit verbundene Werbemaßnahmen, verlieren immer mehr an Bedeutung, da sie durch ihr digitales Äquivalent ersetzt werden. Die Signifikanz von Fernsehwerbung nimmt stetig ab, denn das klassische lineare Fernsehen wird von Streaming Formaten wie z.B. Netflix, Amazon Prime oder Maxdome kontinuierlich weiter verdrängt.[69] Andere Formate erhalten dementsprechend auch neue Relevanz. Besonders Werbemaßnahmen, die sich der klassischen Marketingkompetenz des Storytellings bedienen, bekommen von der digitalen Revolution eine neue Dynamik verliehen: Werbestorys als Online-Kanalübergreifende Kommunikationsmaßnahme (Twitter, Facebook, YouTube, Instagram etc.) fördern die Kundeninteraktion mit dem neuen, aktiven Kundentypus. In der Theorie multipliziert sich die Werbewirkung der Storys durch die Vielfalt der wachsenden Kanäle, da die Werbebotschaften sich rasant im Netz verbreiten. Nutzer teilen die Inhalte und reichern diese häufig mit neuen Inhalten an, dadurch findet eine Verselbstständigung der Werbebotschaft statt.[70]

Die Digitalisierung stellt die traditionelle Werbung vor viele Herausforderungen. Damit die Werbewirkung weiterhin relevant bleibt, müssen Unternehmen ihren

---

[67] (Vgl. Oetker (2018): S. 401)

[68] (Vgl. Gerdes (2018): S. 191)

[69] (Vgl. Reinartz (2018): S. 128)

[70] (Vgl. Perrey (2018): S. 265 f.)

Fokus auf Kundenorientierung auslegen. Damit dies gelingt, müssen die Chancen neuer technologischer Möglichkeiten genutzt und die Kundenansprache auf die individualisierten Verbraucherbedürfnisse ausgerichtet werden.

In vorangegangenen Kapiteln wurde auf die Funktionsweisen des Gehirns eingegangen, die Psychologie der Massen wurde untersucht und der aktuelle Stand der Werbung, als Bestandteil der Kommunikationspolitik, eingeordnet. Der nachfolgende Teil dieser Arbeit beschreibt, wie sich das Neuromarketing der Werkzeuge der Neurowissenschaft bedient, um das unbewusste Kauf- und Nutzungsverhalten zu analysieren und zu interpretieren. Dabei wird das Ziel verfolgt, den Erfolg von Marketingmaßnahmen zu beweisen, indem man die Aktivitäten im Gehirn des Konsumenten beispielsweise beim Betrachten eines Markenlogos oder einer Kampagne mithilfe von Hirnscannern analysiert.

4 Forschungsmethoden des Neuromarketings

Im Neuromarketing werden neurowissenschaftliche Forschungsmethoden einge-setzt, die sich an den Methoden der unterschiedlichen beteiligten Disziplinen be-dienen. Das Methodenspektrum des Neuromarketings ist daher sehr groß, hier sollen exemplarisch nur einige von ihnen kurz dargestellt werden, um einen Überblick zu ermöglichen. Es ist hier in Kritik anzulehnen, dass diese Methoden keine hundertprozentig genauen Testergebnisse liefern können, da jegliche Ver-suchsanordnungen in klinischen Umgebungen stattfinden und der Proband sich der Testumgebung bzw. -situation stets bewusst ist. In Kapitel 2.3 wurden die Funktionsweisen des menschlichen Gehirns grundlegend erläutert, dass Men-schen von Emotionen gesteuerte Wesen sind, die ihr Verhalten nach dem Beloh-nungs- und Vermeidungssystem ausrichten. Wie Wahrnehmung und Aufmerk-samkeit uns beeinflussen und wie Motive, Ziele und Persönlichkeit das Handeln des Menschen antreiben. Im folgenden Kapitel soll nun aufgezeigt werden wie sich das Neuromarketing diese Erkenntnisse für Forschungszwecke zu Nutze macht.

Emotionen sind der unterbewusste Treiber für das Kauf- und Entscheidungsver-halten des Menschen. Da es sich um explizite Abläufe handelt, können Konsumen-te ihre emotionalen Beweggründe für den Kauf/Nutzung einer Marke oder eines Produktes nur selten in Worte fassen. Hier kommt das Neuromarketing ins Spiel, um Gefühle und Emotionen zu erfassen, bietet die Hirnforschung verschiedene technische Messverfahren an. Die diagnostischen Verfahren können grundsätzlich in bildgebend und nicht-bildgebend unterteilt werden. Zu den nicht-bildgebenden Verfahren gehören, im Kontext dieser Arbeit, z.B. die Elektroenzephalografie (EEG) und die Magnetenzephalografie (MEG). Bildgebende Verfahren auf der an-deren Seite können weiter unterteilt werden. Zum einen gibt es funktionelle Ver-fahren, wie die funktionelle Magnetresonanztomografie (fMRT). Zum anderen strukturelle Verfahren, wie z.B. die Computertomografie (CT) oder die Magnetre-sonanztomografie (MRT). Bei allen Methoden ist es essentiell zu beachten, dass die Probanden in der Testumgebung von keinen externen Faktoren gestört wer-den und somit die selektive Aufmerksamkeit auf dem provozierten Reiz liegt. Die-ser Reiz löst bestimmte Gehirnaktivitäten aus, das Messen und Interpretieren die-ser Aktivitäten bilden den Kernpunkt des Neuromarketings, aus dem hervorge-hend Marketingmaßnahmen konzipiert werden können.

4.1 Elektroenzephalografie (EEG)

Die Elektroenzephalografie (EEG) gehört zu den nicht-bildgebenden Verfahren und ermöglicht die Messung elektrischer Aktivitäten der Außenbereiche des Gehirns, was Aufschluss über Aufmerksamkeit, Emotionen und das Gedächtnis gibt. Über eine Kappe mit vielen Hochsensiblen Elektroden an der Kopfhaut des Probanden werden die sogenannten ereigniskorrelierten Hirnpotenziale gemessen, worunter man elektrische Potenziale oder Magnetfelder versteht, die nach, vor und während eines sensorischen, psychischen oder motorischen Ereignisses auftreten. Die EEG zeichnet während des Messvorgangs eben jener Potenziale Neuronenpopulationen auf, wodurch man ein Gerüst der aktiven Gehirnstrukturen erhält. Die Gehirnaktivitäten werden mit uneingeschränkter zeitlicher Auflösung verfolgt, das bedeutet, die Aktivitäten werden so schnell gemessen wie sie auftreten. Pro Sekunde ergibt das einen Wert von 2000 Aktivitäten. Wohingegen diese Forschungsmethode eine relativ beschränkte räumliche Auflösung besitzt, da nur kortikale, die Großhirnrinde betreffende, Vorgänge gemessen werden können, jedoch keine subkortikalen, welche sich unterhalb der Großhirnrinde befinden. Die EEG eignet sich daher besonders gut für sekundengenaue Analyse von Werbespots. In meist 30 Sekunden kommunizieren Werbespots teilweise die verschiedensten Eindrücke. Zur Messung dieser Variationen in Bruchteilen von Sekunden kann die EEG ein entscheidender Faktor sein.[71,72,73]

4.2 Magnetenzephalografie (MEG)

Die Magnetenzephalografie (MEG) ist eine weiterentwickelte Form der EEG und daher ebenfalls ein nicht-bildgebendes Verfahren. Die MEG reagiert auf magnetische Signale, die durch neuronale Aktivitäten erzeugt werden. Genauso wie die EEG können mit der MEG Aktivitäten in uneingeschränkter zeitlicher Auflösung erfolgt werden, mit dem Vorteil, auch die subkortikalen Vorgänge neuronaler Aktivität messen zu können. Dieser Vorteil ist dahingehend entscheidend, da die Aktivitäten tiefer liegender Hirnstrukturen, wie der im Kapitel 2.3.2 behandelte Hippocampus, der Hippothalamus oder die Amygdala, entscheidende Einsichten in viele unbewusste und emotionale Entscheidungsvorgänge bieten. Dennoch ist

---

[71] (Vgl. Van de Sand (2017): S. 53)
[72] (Vgl. Kwiatkowski (2017): S. 12)
[73] (Vgl. Weber (2017): S. 331 f.)

die MEG nicht völlig befreit von beschränkter räumlicher Auflösung, da neuronale Aktivität nur auf einige Zentimeter genau bestimmt werden kann.[74]

4.3 Steady State Topography (SST)

Die Steady State Topography (SST) ist ebenfalls eine Weiterentwicklung der EEG. Die SST wird verwendet, um die Verschlüsselung von Erinnerungen, das sogenannte Memory Encoding, nachzuvollziehen. Die Messung der elektrischen Impulse im Gehirn findet zeitnah statt und erfasst worauf eine Person reagiert und in welcher Höhe die Reaktion stattfindet. Primär wird versucht im Langzeitgedächtnis abgespeicherte Reize, wie Erlebnisse oder Beziehungen, die Handlungen des Menschen generieren, herauszufiltern. Das Ziel dieser Methode ist, die Aufmerksamkeit sowie das Engagement eines Menschen zu visualisieren, um es letztendlich zu interpretieren. Die entscheidende Weiterentwicklung zur EEG ist das Tragen eines Visors, der ein stetiges visuelles Signal aussendet. Dieses Signal wird als beachteter Stimulus vom Auge aufgenommen und löst eine bestimmte Gehirnaktivität aus, welche letztendlich als Benchmark bei der Auswertung durch die SST generierter Daten dient.

Die SST ist in der Lage, mentale Leistungen von Versuchspersonen ungeachtet sensorischer Gegebenheiten zu messen, indem sie Auswirkungen unerwünschter Einflüsse der Umwelt schlicht herausfiltert. Durch die daraus resultierende selektive Aufmerksamkeit der Probanden erzielt die SST unverfälschte Ergebnisse.

Weitere Faktoren, die mittels SST gemessen werden können, sind emotionale Intensität und Wertigkeit. Emotionale Wertigkeit wird durch die Motivationsstruktur eines Probanden bestimmt und kann sowohl positiv als auch negativ sein. Emotionale Intensität, auch Erregung, beschreibt den Umfang einer möglichen emotionalen Einbindung des Probanden durch bestimmte Situationen und/oder Kommunikationsmaßnahmen.

Die Encodierung des Gehirns ist der letzte Forschungsbereich der SST. Hier werden Gehirnaktivitäten nach der Stärke ihres Encodierungsgrades (Speicherungsgrades) im Langzeitgedächtnis analysiert. Untersuchungsgegenstand dabei sind nicht bereits eingespeicherte Erinnerungen, sondern neu generierte. Die SST

---

[74] (Vgl. Kwiatkowski (2017): S. 12)

kann somit feststellen, wie effizient die langfristige Informationsspeicherung im Gedächtnis funktioniert.

Die SST ermöglicht die Erhebung qualitativ hochwertiger Ergebnisse durch simple Anwendung, was sie zu einer sehr wertgeschätzten Forschungsmethode macht, deren Erkenntnisse bei der Konzeption von Marketingkampagnen eine essentielle Rolle spielen können.[75]

4.4 Funktionelle Magnetresonanztomografie (fMRT)

Die funktionelle Magnetresonanztomografie (fMRT) wird auch als funktionelles Magnetresonanz-Imaging (fMRI) bezeichnet und gehört zu den funktionell-bildgebenden Verfahren. Die fMRT ist eine sogenannte nicht-invasive Messmethode, die alle tätigen Areale und Strukturen des menschlichen Gehirns während Denkprozessen oder Situationen einer intensiven Gefühlslage bildlich darstellen.

Um zu Denken oder zu Fühlen benötigt das Gehirn Sauerstoff damit Glucose als Energieträger für jegliche Art von Gehirnaktivität abgebaut werden kann. Als Folge vermehrter neuronaler Aktivitäten in der Hirnregion findet die sogenannte hämodynamische Reaktion statt: Durch den Verbrauch des Sauerstoffs löst sich eine Reaktion im Körper aus, die zu einer höheren Versorgung mit sauerstofffreichem Blut führt. In der Medizin wird das als BOLD-Effekt (Blood Oxygenation Level Dependant) bezeichnet. Die fMRT ist nun in der Lage mithilfe der unterschiedlichen magnetischen Eigenschaften des sauerstoffreichen (oxygenierten) und sauerstoffarmen (nicht-oxygenierten) Blutes die Gehirnaktivität zu verbildlichen. Durch die aufbereiteten Daten ist man in der Lage, die Funktionsweisen des menschlichen Gehirns aufzuzeigen und zu verbildlichen, wie intelligentes Denken abläuft, was die fMRT zur umfang- und detailreichsten, im Neuromarketing vorwiegend eingesetzten, Untersuchungsmethode macht.[76,77] Die leistungsstärksten fMRT Scanner können die Hirnaktivität mit einer räumlichen Auflösung von ca. 2x2x2 mm3 abbilden. Die Schattenseite der fMRT ist die relativ geringe zeitliche Auflösung von Signalen. Das gemessene indirekte Signal der Durchblutungsver-

---

[75]   (Vgl. Van de Sand (2017): S. 54 f.)

[76]   (Vgl. Kwiatkowski (2017): S. 12 f.)

[77]   (Vgl. Van de Sand (2017): S. 52 f.)

änderung ist im Vergleich zur neuronalen Aktivität ein relativ langsamer Prozess, das kann zu zeitlichen Auflösungen von einigen Sekunden führen.[78]

Im Kontext des Case Studys dieser Arbeit ist es interessant eine Studie anzumerken, in der anhand der fMRT Gehirne von Versuchspersonen überwacht, wurden während sie Coca-Cola oder Pepsi tranken, um die Wirkung von Marken auf das menschliche Gehirn messen zu können. Nach einem Blindtest wurden die beiden Markennamen enthüllt, was sich bei den Probanden sowohl auf das Muster der Gehirnaktivität, als auch auf die Präferenz auswirkte. Die fMRT-Messung ergab, dass die Marke Coca-Cola den im Stirnhirn befindlichen präfrontalen Cortex stimuliert. Dieser ist für höhere kognitive Funktionen zuständig und spielt eine prägende Rolle für das Selbstbild einer Person. Das Resultat der Studie war, dass mit dem Markennamen Coca-Cola positive Emotionen und Selbstwertgefühle verbunden werden, die den Markenwert maßgeblich prägen. Der Geschmack einer Coca-Cola ist leidglich ein sekundärer Faktor des Erfolgs.[79]

4.5 Eye-Tracking

Das Eye-Tracking ist eine psychologische Forschungsmethode, die Augenbewegungen (Sakkaden) sowie Abfolge und Dauer einer Betrachtung (Fixation) aufzeichnet. Im Rahmen des Eye-Tracking wird am weitesten verbreitet das Cornea-Reflex-Verfahren verwendet. Bei diesem Verfahren wird die Blickbewegungen einer Versuchsperson mithilfe eines Lichtstrahls, der durch das Auge reflektiert wird, durch eine Infrarotkamera aufgezeichnet. Im Kontext der Thematik handelt es sich bei Eye-Tracking zwar nicht um eine neurowissenschaftliche Erhebungsmethode, die sich mit den Aktivitäten im Gehirn befasst. Dennoch besitzt diese Methode eine gewisse Relevanz, da ihre Forschungsgrundlage die geteilte und ungeteilte Aufmerksamkeit, vor allem bezogen auf die Betrachtung von Werbeanzeigen, ist.[80,81]

---

[78] (Vgl. Weber (2017): S. 331)

[79] (Vgl. Esch (2017): S. 667)

[80] (Vgl. Van de Sand (2017): S. 55)

[81] (Vgl. Weber (2017): S. 332)

4.6 Fazit

Im vergangenen Kapitel wurden die wichtigsten neurowissenschaftlichen Forschungsmethoden vorgestellt. Mit ihrer Hilfe ist eine intensive Erforschung der Gehirnaktivitäten von Konsumenten möglich, um davon wichtige Kriterien, wie beispielsweise die Wirkung von Marken oder Produkten und Kauf- und Entscheidungsverhalten abzuleiten. Diese Erkenntnisse können eine entscheidende Rolle für nachhaltig wirkende Konzeptionen von Marketingmaßnahmen spielen und erhöhen die Transparenz der Zielgruppen enorm. Neurowissenschaftliche Forschungsmethoden haben jedoch auch ihre Nachteile. Trotz Implementierung dieser modernen Methoden und Werkzeuge in das klassische Marketing lässt sich nicht zu einer hundertprozentigen Wahrscheinlichkeit beweisen, wie exakt Marken und Produkte in den Köpfen von Konsumenten wirken. Zur besseren Verständnis: Das Neuromarketing ist somit nicht der perfekte Endzustand der Marketingdisziplin, es ist vielmehr eine Verbesserung der aktuellen Marktforschung. Der maßgebliche Nachteil ist der finanzielle Rahmen, besonders von fMRT- und EEG-Studien. Denn die neurowissenschaftlichen Methoden bzw. Werkzeuge sind sehr kostenintensiv in der Anschaffung oder Mietung, ein fMRT kostet beispielsweise zwei Millionen €. Zudem müssen in beiden Fällen Fachexperten herbeigezogen werden, um die Studien sowohl durchzuführen, auszuwerten, zu interpretieren, als auch letztendlich die Marketers zu beraten. Das Ausschöpfen der neurowissenschaftlichen Potenziale wird dennoch für den Erfolg von Unternehmen in einer kontinuierlich komplexer werdenden Marketingwelt von essentieller Bedeutung sein.[82,83]

4.7 Apparative Beobachtungsmethoden

Aufgrund der Kostenintensität neurowissenschaftlicher Forschungsmethoden haben sich sogenannte apparative Beobachtungsmethoden in der Marktforschung etabliert. Diese Methoden bieten beispielsweise Einblicke in psychische Prozesse, die durch Befragungen nicht zuverlässig erhoben werden können. Dadurch ist es möglich das menschlichen Verhalten in dem Moment zu erfassen, in dem es entsteht. Es lässt sich grundsätzlich unterteilen in Verfahren zur Messung von Aktivierungen im Gehirn, der Aufnahme von Stimuli oder der Speicherung von Infor-

---

[82] (Vgl. Kwiatkowski (2017): S. 14 f.)
[83] (Vgl. Van de Sand (2017): S. 55)

mationen. Besonders relevant sind die apparativen Methoden bei der Analyse von Werbewirkung oder Neuprodukten und zur Optimierung des Produktdesigns.

Bei der Aktivierungsmessung wird die Aktivierungsstärke von Stimuli durch unterschiedliche physiologische Messungen bewertet. Gegenstand der Messung hierbei ist beispielweise der elektrische Hautwiderstand. Sinkt dieser ab, besteht eine erhöhte Aktivierung des Probanden. Der innere Pupillenradius ist z.B. ein zuverlässiger Indikator für emotionale und aufmerksamkeitsbedingte Reaktionen. Des Weiteren können Herz- und Atemfrequenz oder der Blutdruck gemessen werden. Diese Verfahren behaupten sich besonders, da die Messung nur geringfügig durch die Versuchspersonen beeinflusst wird.

Verfahren zur Messung der Stimuliaufnahme beschäftigen sich primär mit der Blickaufzeichnung bzw. -verlaufsanalysen (Vgl. Eye-Tracking Kap. 4.5). Die Registrierung von Blickmustern kann dazu verwendet werden, um Blickverläufe grafisch darzustellen. Auf Basis der bewussten Wahrnehmung und kognitiven Verarbeitung durch lange Fixation lassen sich besonders die Aufnahme von Werbestimuli oder die optimale Platzierung von Werbeelementen evaluieren.

Im Sinne der Messung von Informationsspeicherung wird in der Marktforschung der „Implicit Association Test" (IAT) angewandt. Diese Forschungsmethode basiert auf der Reaktionszeit des Menschen und misst die Stärke von Assoziationen unabhängig vom Bewusstsein, indem die Reaktionszeit und Zuordnung von Stimuli zueinander erfasst werden.[84,85]

---

84 (Vgl. Kwiatkowski (2017): S. 13)
85 (Vgl. Arendt (2016): S. 597 f.)

5 Erkenntnisse des Neuromarketings

Im ersten Abschnitt dieser Arbeit wurden die wichtigsten theoretischen Grundlagen der Neuroökonomie bzw. des Neuromarketings definiert und abgegrenzt, um ein fundamentales Verständnis für die Funktionen des menschlichen Gehirns, für die Antriebe menschlichen Handelns und die Funktionalität der Herdendynamik zu schaffen (Vgl. Kap. 2). Im weiteren Verlauf wurde die Werbung, als Bestandteil der Kommunikationspolitik, eingeordnet und Auskunft über deren aktuellen Stand gegeben (Vgl. Kap. 3) und die Forschungsmethoden des Neuromarketings beleuchtet, zum besseren Verständnis, wie die Erkenntnisse über das Konsumentenverhalten letztendlich mit neurowissenschaftlichen Methoden erhoben werden (Vgl. Kap. 4). Im folgenden Kapitel wird nun untersucht, welche Erkenntnisse das Neuromarketing emporgebracht hat und wie die Marketingkommunikation, besonders die Werbung, von ihnen profitieren kann.

5.1 Zusammenspiel des impliziten und expliziten Systems

In Kapitel 2.3 wurde in Erfahrung gebracht, wie die Wahrnehmung und Aufmerksamkeit eines Menschen funktioniert, wie sich diese durch Faktoren wie Emotionen, Motive, Ziele und der Persönlichkeit beeinflussen lassen und somit das menschliche Handeln prägen. Unser Handeln geht jedoch nicht entweder vom impliziten System (Unterbewusstsein) oder expliziten System (Bewusstsein) aus, sondern stets aus dem Zusammenspiel beider. Das Neuromarketing liefert hier verschiedene Ansätze und Definitionen darüber, wie das Zusammenspiel funktioniert und wie sich Kommunikation dahingehend anpassen muss. Im Folgenden werden die gängigsten Definitionen vorgestellt und evaluiert, wie ihre Erkenntnisse der Marketingkommunikation nutzen können. Dabei ist es im Vorfeld noch wichtig den Ansatz des sogenannten 40-Bits-Bewusstseins vorzustellen. Nach diesem Konzept wird das Gehirn jede Sekunde von den fünf primären Sinnen mit elf Millionen Bits Informationen versorgt. Im Kontrast werden davon nur 40 bis 50 Bits tatsächlich von unserem Bewusstsein verarbeitet. Folglich nimmt das Gehirn mehr als 99% der Informationen nur unbewusst wahr. Ein Buchstabe besitzt beispielsweise ungefähr fünf Bits, demnach kann das 40-Bits-Bewusstsein lediglich acht Buchstaben in der Sekunde wahrnehmen. Für die Kommunikation bedeutet das, dass zum einen Multisensorisch auf die unbewusste Wahrnehmung der elf Millionen Bits eingewirkt werden muss. Zum anderen müssen sich Maßnahmen, die das Bewusstsein erreichen sollen, im Rahmen der 40 bis 50 Bits bewegen um effektiv vom Konsumenten wahrgenommen zu werden.[86] Diese These stützt unter anderem den aktuellen Marketing Trend des Snack Contents. Hierbei werden besonders im Rahmen des Mobile-Marketings schnell konsumierbare, kurze und prägnante Botschaften kommuniziert, um die kurze Aufmerksamkeitsspanne der User zu ergreifen.[87]

5.1.1 Pilot und Autopilot

Das Unterbewusstsein und Bewusstsein wurden von Held und Scheier in zwei Systeme eingeordnet, definiert und mit Merkmalen versehen: Den implizit im Hintergrund wirkenden Autopiloten und den reflektierenden Piloten. Das erste System, in folgenden Theorien auch mit impliziten System oder System 1 betitelt, wird als Autopilot bezeichnet. Das Unterbewusstsein als Autopilot des menschlichen Organismus verarbeitet elf Millionen Bits von außerhalb einwirkenden Informationen pro Sekunde. Diese Sinneseindrücke werden über die primären Sinne Hören, Sehen, Riechen, Schmecken und Tasten sowie über die sekundären Sinne wie zum Beispiel das Fühlen größtenteils unbewusst wahrgenommen. Wie in Kapitel 2.3.2 zur Erkenntnis gebracht wurde, sind für diese Prozesse, z.B. emotionale Bewertung und Erlernen der Umwelt, besonders das limbische System und dessen Bestandteile zuständig. Im limbischen System werden die elf Millionen Bits unbewusst emotional bewertet, mit erlebten Erinnerungen verglichen, um folglich an das 40-Bits Bewusstsein weitergeleitet und damit bewusst wahrgenommen werden (Vgl. Kap. 2.3.1). Der Autopilot wird als ökonomisch arbeitendes System gesehen, welches Entscheidungen intuitiv und emotional innerhalb zweier Sekunden trifft. Seine primäre Aufgabe ist es diese Entscheidungen und Handlungen effizient zu fällen und auszuführen. [88],[89]

Das zweite System, im Folgenden auch mit explizitem System oder System 2 betitelt, wird als Pilot bezeichnet. Wie in Kapitel 2.3.2 beschrieben, liegt dieses System im vorderen Stirnhirn, dem Frontallappen, dem das Zentrum der menschli-

---

[86] (Vgl. Held/Scheier (2018): S. 48 f.)

[87] (Vgl. Praschma (2018): https://www.heise-regioconcept.de/content-marketing/snack-content-marketing-aus-der-erbsenpistole. (Abruf: 05.07.2018))

[88] (Vgl. Scheier/Held (2012): S. 46 ff.)

[89] (Vgl. Held/Scheier (2018): S. 55 ff.)

chen Vernunft. Das Bewusstsein als Pilot des Menschen verarbeitet im Gegensatz zum Autopiloten nur jene 40 bis 50 bewusst wahrgenommenen Bits, die die selektive Aufmerksamkeit erlangt haben (Vgl. Kap. 2.3.1). Verglichen mit den unbewusst wahrgenommenen elf Millionen Bits ist unsere bewusste Wahrnehmung minimal gering. Der Mensch nimmt demnach weit über 99 % der wahrgenommenen Sinneseindrücke nicht bewusst wahr. Der Pilot ist für das rationale, vernünftige Denken zuständig und richtet sein ökonomisches Handeln nach dem Preis-Leistungs-Prinzip aus. Hier steht besonders das wirtschaftliche Konzept des Homo Oeconomicus in der Kritik, da nach ihm, kurz betrachtet, allein der Pilot, ohne Autopilot, als Treiber des Handelns gesehen wird. Der Pilot ist für unsere bewussten Denkprozesse zuständig, durch ihn setzen wir uns damit auseinander, was uns bedrückt oder reflektieren und planen unser Verhalten. Der Autopilot funktioniert ohne Pilot. Pilot wiederum nicht ohne Autopilot, da er auf die Vorverarbeitung und Bewertung aller eingehenden Signale angewiesen ist.[90],[91] Der Pilot bildet den freien Willen des Menschen, selbst wenn wir durch unsere unbewussten Emotionen in gewissen Situationen gesteuert werden, sind wir in der Lage anders zu handeln, aber auch nur wenn es die Situation zulässt. Die Motivationsrednerin Mel Robbins redet hier von der sogenannten fünf Sekunden Regel, nach der jedem Menschen ein fünf Sekunden Fenster bleibt um sich gegen seine Emotionen/Instinkte zu entscheiden, um Herausforderungen des Lebens anzugehen, vor den er sich fürchtet.[92]

Konklusiv besitzt der Autopilot mit seiner Auffassungsgabe von elf Millionen Sinneseindrücken ein höheres Potenzial als der Pilot und machen ihn dementsprechend zum ausschlaggebenden Kommunikationsziel des Marketings. Um Kauf- und Nutzungsverhalten von Konsumenten beeinflussen zu können, gilt es also, mit dem Autopiloten zu kommunizieren.[93]

5.1.2 Unconscious Behavioral Guidance System

Ein weiterer Ansatz über das Zusammenspiel von Bewusstsein und Unterbewusstsein ist das Unconscious Behavioral Guidance System. Dieser Ansatz stellt das Unterbewusstsein als ein hocheffizientes Bewertungs- und Steuersystem dar,

---

[90]   (Vgl. Held/Scheier (2018): S. 61 ff.)
[91]   (Vgl. Scheier/Held (2012): S. 55 ff.)
[92]   (Vgl. Robbins (2017): S. 11 ff.)
[93]   (Vgl. Held/Scheier (2018): S. 50 ff.)

welches den Organismus zur Erreichung seiner Motive und Ziele leitet, die sich aus dem Emotionssystem ergeben. Die Funktionsweise des menschlichen Gehirns wird als eine Abfolge automatischer Prozesse gesehen, die dem Bewusstsein unzugänglich sind. Das Unterbewusstsein als Guide unseres Lebens, der die Gesamtheit unserer Erfahrungen bewertet, logisch verknüpft und mit der aktuellen Situation abgleicht, um situationelle Reize für Handlungsempfehlungen und -umsetzungen zu adaptieren. Damit Entscheidungen überhaupt an unser Bewusstsein gelangen, müssen diese erst als ausreichend wichtig kategorisiert werden. Demnach wird das Bewusstsein eines Konsumenten erst aktiviert, wenn es unerwarteten Vorkommnissen oder besonderen Herausforderungen entgegen in Form von unbekannten Situationen oder komplexen Entscheidungen gegenübersteht.[94]

Um das Unterbewusstsein zu erreichen, muss Markenkommunikation bzw. Produktgestaltung also in erster Linie unsere Motive bzw. Ziele ansprechen, von Relevanz sowie Glaubwürdigkeit sein und sich Differenzieren. So ist es Marken und Produkten möglich, sich in den unterbewussten Guide-Prozess des Behavioral Guidance System einzubauen. Um das Bewusstsein zu erreichen, gelten dieselben Kriterien, jedoch in einem komplexeren Kontext. Die Kommunikationsmaßnahme bzw. Produktgestaltung muss unerwartet und besonders sein, den Konsumenten vor komplexe Entscheidungen stellen. Konklusiv muss auf alltägliche Gegenstände ausgerichtete Kommunikation und Gestaltung, beispielsweise auf Produkte im Bereich FMCG, unbewusst stattfinden. Kommunikation oder Gestaltung von kostenintensiveren, nicht-alltäglichen Anschaffungen wiederum sollte unerwartet und besonders sein, um das Bewusstsein des Konsumenten vor die Herausforderung einer Entscheidung von Notwendigkeit zu stellen, wie beispielsweise bei einer Werbemaßnahme für einen Familienwagen.

5.1.3 Dual-Processing-Theorie

Die Dual-Processing-Theorie unterteilt das Gehirn ebenfalls in zwei Systeme als einen bewussten, reflektierenden und einen unbewusst reflexiven, hoch automatisierten Entscheidungsprozess. System 1 verarbeitet hocheffizient und äußerst spontan, primär unbewusst wirkende Reize. Denn Prozesse in System 1 arbeiten parallel, sie haben eine enorme Multitasking Kapazität und eine hohe Reaktionsgeschwindigkeit. Dieses System wird mit der Bewältigung einer Vielfalt an Aufga-

---

[94] (Vgl. Kwiatkowski (2017): S. 6)

ben beauftragt, wie das Überprüfen von Reizen aus der Umwelt auf deren Relevanz, die Lage des Körpers in Beziehung zur motorischen Tätigkeit und das Abrufen von Erfahrungen, um diese mit derzeitigen Informationen zu verknüpfen. Jede Form von Sinneseindruck wird zuallererst von System 1 erfasst und verarbeitet. Die Aktivierung erfolgt dabei besonders durch Bilder, Geschichten, Symbole, Gesichter, Geräusche, die Haptik und Gerüche.

System 2 ist für kognitive Vorgänge zuständig, die bewusst ablaufen und kontrollierbar sind. System 2 ist sehr anfällig für Störungen, besitzt eine hohe Flexibilität und hat einen überproportionalen Energieverbrauch. Daher ist seine Leistungsfähigkeit sehr eingeschränkt. Die hohe Energieintensität ist unter anderem der evolutionsbiologische Grund dafür, dass die meisten Reize und Entscheidungen unbewusst in System 1 verarbeitet werden.[95]

Für die Marketingkommunikation lässt sich determinieren, dass System 1 als primärer Entscheidungsträger angesehen werden muss. Ebenso wie beim Ansatz des Autopiloten sollte Kommunikation und Gestaltung primär auf dieses System ausgerichtet werden, da System 2 aufgrund seiner eingeschränkten Leistungsfähigkeit nicht als Empfänger moderner Werbebotschaften in Frage kommt.

Abschließend lässt sich festhalten, dass sich alle Ansätze ähnliche Erkenntnisse vermitteln, es jedoch kleine Differenzen gibt, die es zu betrachten gilt. Wir können für das Marketing ableiten, dass die Ansprache des Unterbewusstseins oberste Priorität hat, da es der primäre Entscheidungsträger des Menschen ist. Bei der Vermarktung komplexer, kostenintensiver Produkte bietet sich jedoch viel mehr die Ansprache des Bewusstseins an, indem der Konsument mit einer Herausforderung oder schwierigen Entscheidung seines Alltags konfrontiert wird.

5.2 Codes – Die Zugänge ins Gehirn

In Kapitel **2.3.3** wurde beschrieben, welche Kriterien den Menschen zu Kauf und Nutzungsverhalten antreiben. Im folgenden Kapitel liegt im Fokus, wie Marken und Produkte die Motive und Ziele eines Menschen durch Kommunikation und Gestaltung gezielt ansprechen können, um somit dessen Präferenz zu gewinnen. Alle Marken und Produkte senden nämlich Signale (Codes) aus, die unser Unterbewusstsein wahrnimmt und entschlüsselt. Es gilt, je mehr unserer Sinneskanäle

---

[95] (Vgl. Kwiatkowski (2017): S. 6 f.)

von einer Marke oder einem Produkt gezielt angesprochen werden, desto höher ist die Erfolgserwartung. Es entsteht ein Prozess von Codierung und Decodierung. Die ausgesendeten Signale sind in Bedeutungen und Assoziationen codiert und zielen darauf ab vom Gehirn decodiert zu werden. Geschieht dies in einem erfolgreichen Maße, gelingt dieselbe Assoziation mit einer Marke wie im Beispiel von Coca-Cola in Kapitel 4.4, wodurch ein regelhafter Zusammenhang zwischen physischen Produkteigenschaften und der dahinterliegenden mentalen Ebene entsteht. Pepsi Cola schmeckt in der Blindverkostung besser, unter Bewusstsein des Markennamens wechselt die Präferenz sofort zu Coca-Cola. Die positiven Assoziationen mit der Marke prägen maßgeblich die Differenzierung zum mutmaßlich besser schmeckenden Wettbewerber. Als Unternehmer muss man nicht das beste Produkt besitzen, man muss mit seinen Markencodes die Motive und Ziele des Konsumenten ansprechen, um somit seine Assoziationen positiv zu prägen.[96]

Neurowissenschaftler an der Universität von Kyoto beschreiben die implizite Kopplung von physischen Eigenschaften und mentalen Konzepten als ein allgemeines Organisationsprinzip des menschlichen Gehirns. Demnach werden physische Eigenschaften und mentale Konzepte stets als einheitlicher, nach dem Effizienzprinzip gerichteter, Prozess im selben neuronalen Netzwerk verarbeitet.[97]

> „Jeder der ehrlich über sein Kaufverhalten ist weiß, dass wir oft nicht einfach ein
> Ding kaufen, sondern eine Idee, die dieses Ding verkörpert."[98]

Mit diesem Satz beschreibt der renommierte Verhaltensökonom Dan Ariely ganz gut die Existenz der mentalen Ebene durch den Einfluss einer Marke auf die Kaufentscheidung. Im Marketing ist schon lange bekannt, dass Marken Produkten einen Mehrwert geben. Diese mentale Ebene hinter dem physischen Produkt kann bewusst wahrgenommen werden, erfolgt meist aber implizit. Deswegen kommt es auch selten vor, dass Kunden die Marke als hauptsächliches Kriterium einer Kaufentscheidung nennen. In den letzten Jahren kam die Wissenschaft zu der Erkenntnis, dass es eine direkte und regelhafte Verbindung zwischen den physischen Eigenschaften eines Produktes und der verborgenen mentalen Ebene gibt. Des Weiteren entschlüsselte die Wissenschaft, wie konkrete Produkteigenschaf-

---

[96] (Vgl. Scheier et al. (2012): S. 13 ff.)

[97] (Vgl. Scheier et al. (2012): S. 21 f.)

[98] (Scheier et al. (2012): S. 13)

ten mentale Konzepte aktivieren und wie implizite Verknüpfungen von physischen Eigenschaften und mentalen Konzepten funktionieren.[99]

Um die Wichtigkeit dieser wissenschaftlichen Erkenntnisse zu verdeutlichen werfen wir ein Blick auf die Forschungsergebnisse des Wissenschaftlers Chen-Bo Zhong von der Toronto University. Er fasst seine Forschung wie folgt zusammen:

> „Das überraschendste Ergebnis ist die reziproke Beziehung zwischen physischen und psychologischen Erfahrungen, die normalerweise als unabhängig voneinander betrachtet werden. Nicht nur dass unsere konkreten Erfahrungen mit der physikalischen Welt (z.B. Kälte) einen direkten Einfluss auf die Konzeption höherer, abstrakter Konzepte wie Moral oder soziale Beziehungen haben, sondern dass darüber hinaus diese abstrakten Konzepte die Art und Weise verändern, wie wir die konkrete, physikalische Welt erleben."[100]

Unsere Erfahrungen mit einer Marke, Produkt oder einer Kommunikationsmaßnahme prägen also unser mentales Konzept dieser Gegebenheit. Wiederum unser mentales Konzept lässt uns die Marke, das Produkt oder die Kommunikationsmaßnahme anders erleben. Dem Marketing bedarf es also einer Implikation von mentalen Konzepten durch Codes. Um diese These weiter zu stützen, betrachten wir die Erkenntnisse der Amerikanischen Association for Psychological Science. Nach diesen Erkenntnissen sind Verknüpfungen von physischen und mentalen Vorgängen im Gehirn nicht nur bei Wärme und Kälte zu finden. Im Gehirn gibt es unter anderem auch direkte Koppelungen zwischen mentalen Konzepten und dem Tastsinn, was uns dazu verleitet Menschen als „Softie" oder „harten Brocken" zu bezeichnen. Weitere Eigenschaften wie Oberflächenstrukturen von Produkten beeinflussen maßgeblich das Entscheidungsverhalten von Konsumenten. Codes funktionieren stets nach demselben Prinzip: Alle physikalischen Eigenschaften von Gegenständen, die ein Konsument über seine Sinne aufnehmen kann, aktivieren mentale Konzepte in seinem Gehirn.[101]

Im Rahmen der Neuropsychologie bezeichnet Dan Ariely die Fähigkeit, physische Produkteigenschaften in mentale Konzepte zu übersetzen als „Conceptual Consumption". Sie basiert auf dem Urtrieb des Menschen nach Nahrung zu suchen und diese zu konsumieren. Diese Instinkte sind heutzutage immer noch in uns

---

[99]   (Vgl. Scheier et al. (2012): S. 19)
[100]   (Scheier et al. (2012): S. 20)
[101]   (Vgl. Scheier et al. (2012): S. 20 f.)

verankert, jedoch verbrachten unsere Vorfahren im Vergleich sehr viel Zeit damit, ihre Nahrung zu suchen, herzustellen, vorzubereiten und letztendlich zu konsumieren. In unserer modernen Welt hat sich der Konsumprozess verändert, der Trieb nach Nahrung kann schnell und einfach im nächsten Supermarkt oder Restaurant um die Ecke befriedigt werden. Durch diese enorme Diskrepanz der Zeiteffizienz bleibt ein Konsumtrieb übrig, den unsere Instinkte versuchen über mentale Konzepte wie „Status" oder „Exklusivität" zu kompensieren.[102]

Physische Eigenschaften und mentale Konzepte werden als einheitlicher, nach dem Effizienzprinzip gerichteter, Prozess im selben neuronalen Netzwerk verarbeitet. Die Beschaffenheit von Produkten ist dabei ausschlaggebend, um implizit unsere Sinne zu reizen, damit unsere Motive und Ziele anzusprechen und letztendlich die mentale Ebene in unserem Gehirn zu aktivieren. Konklusiv haben mentale Konzepte einen enormen Effekt auf das Kauf- und Entscheidungsverhalten von Konsumenten.

5.2.1 Die Wirkung von Codes

Jede Form einer physischen Eigenschaft eines Produktes, die in der Lage ist Sinnesreize zu stimulieren, kann Assoziationen im menschlichen Gehirn auslösen und eine zugeordnete mentale Ebene aktivieren. So assoziiert unser Gehirn beispielsweise den Geruch von frisch gemahlenen Kaffee mit sozialer, familiärer Geborgenheit, da Emotionen, Erinnerungen und Erfahrungen von familiärem Beisammensein stimuliert werden. Dabei muss der Kaffee nicht einmal konsumiert werden, ein Kind nimmt diesen Geruch zum Beispiel an einem Sonntagnachmittag wahr und weiß, bald setzen sich Menschen in einer familiären Stimmung gemeinsam zusammen. Dem entgegen steht Instantkaffee, der im Sinne von Effizienz individuell vor der Arbeit zubereitet wird um seinen wachmachenden Zweck zu erfüllen. In beiden Varianten ist das primäre Ziel, einen Kaffee zu trinken, erreicht. Beide Varianten lösen jedoch ein anderes mentales Konzept aus. Gemahlener Kaffee kommuniziert Wertschätzung und Geborgenheit während Instantkaffee für Individualität und Praktikabilität steht. Mit gezielter Ansprache dieses mentalen Konzeptes in der Marketingkommunikation kann dieses verstärkt werden, jedoch kann einem Instantkaffee nicht das mentale Konzept eines gemahle-

---

[102] (Vgl. Ariely/Norton (2009): S. 1 f.: http://www.people.hbs.edu/mnorton/ariely%20norton%202009.pdf. (Abruf: 07.07.2018))

nen Kaffees aufgezwungen werden.[103] Dieses Phänomen birgt Potenzial, das Marketing kann sich bestehender, in der Gesellschaft verankerter, mentaler Konzepte von Produkten bedienen um Kommunikation und Gestaltung gezielt zu verstärken. Wiederum gewährt es Produkten, die bis dato noch nicht vergleichbar auf der Welt existieren, die einmalige Chance des „ersten Eindrucks". Mit einem Geniestreich des Marketings wäre es in der Theorie möglich, die Assoziation eines völlig neuartigen Produktes mit einem gewünschten mentalen Konzept zu kreieren.

In Kapitel 5.1.1 haben wir den Ansatz des Piloten und Autopiloten von Held und Scheier kennengelernt. In gegebenen Kontext kommunizieren mentale Konzepte mit dem Autopiloten, während die physischen Attribute an den Piloten appellieren. Um eine Erfolgswirkung zu erzielen müssen beide Systeme angesprochen werden. Damit Codes ihre Wirkung entfalten können, müssen sie eine implizite und/oder explizite Verbindung vom Produkt zur Motivlage eines Konsumenten herstellen, um ihm die Bedeutungen (Sicherheit, Erregung, Autonomie; vgl. Kap. 2.3.3.1) der Marken- bzw. Produktpositionierung beizubringen.[104] Im Marketing wird hier von Priming (Bahnung) gesprochen, durch gezielte Kommunikation mit dem Unterbewusstsein des Konsumenten können Entscheidungen und Verhalten nachhaltig beeinflusst werden.[105]

Der in Kapitel 2.3.2 beschriebene Frontallappen ist für die Wirkung von Codes von zentraler Bedeutung. Er ist der Mechanismus in unserem Gehirn, der uns in die Lage versetzt, physische Eigenschaften in mentale Konzepte umzuwandeln. Im Vergleich zu unseren primatischen Verwandten ist diese Hirnregion um 40 % größer und macht gezielten Konsum daher zu einem spezifisch menschlichen Verhalten. Während Primaten ihre Rangordnung durch den Zweikampf ausfechten, bestimmen Menschen ihre Rangordnung durch Statussymbole und Materialismus.[106] Allein das mentale Konzept von Status zeigt demnach wie wichtig Codes für die Vermarktung von Produkten sind. Durch Status kann man die mentalen Konzepte von Produkten und deren Qualität wie eine eigene Rangordnung sehen. Umso mehr ein mentales Konzept dem Statusdenken eines Menschen ent-

---

[103] (Vgl. Scheier et al. (2012): S. 44 ff.)

[104] (Vgl. Held/Scheier (2018): S. 97 f.)

[105] (Vgl. Held/Scheier (2018): S. 57)

[106] (Vgl. Scheier et al. (2012): S. 24 ff.)

spricht, desto höher spiegelt sich der Preis dieses Produktes wieder und folglich das Fremdbild eines Menschen, durch den Gebrauch.

Um durch kommunizierte Signale eine nachhaltige Verhaltensänderung oder Aktivierung mentaler Konzepte auszulösen, gilt es die Faktoren Relevanz, Glaubwürdigkeit und Differenzierung (Vgl. Kap. 2.3.3.4) abzudecken. Die Codes müssen für das Produkt relevant sein, sich mit dem Produktversprechen decken und sich von den Codes der Konkurrenz differenzieren. Nur so können die impliziten Motive der Sicherheit, Erregung und Autonomie im limbischen System angesprochen werden, um Kauf- und Entscheidungsverhalten auszulösen.[107] Wie bereits in Kapitel **2.3.3.3** im Kontext der Persönlichkeit aufgeführt wurde, kommuniziert Coca-Cola beispielsweise den Code soziale Geborgenheit dort, wo sich dieses Motiv der Zielgruppe durch Isolation im Ungleichgewicht befindet und der Autopilot des Konsumenten dementsprechend empfänglich ist für jenen Code, der diese Motiv anspricht.

Ein weiterer wichtiger Faktor für die Wirkung von Codes sind die kulturellen Gegebenheiten. Denn Kultur prägt, besonders in den ersten Lebensjahren, die Persönlichkeit und damit die Motivlage eines Menschen maßgeblich. Jede Kultur besitzt unterschiedliche mentale Konzepte, somit auch unterschiedliche Codes. Diesbezüglich ist es für international agierende Unternehmen wichtig, ihre Produkte bzw. Kampagnen an die kulturellen Unterschiede der jeweiligen Länder anzupassen. In der einen Kultur als wohlwollend empfundene Codes können in einer anderen als unzulänglich angesehen werden. Deshalb gilt es für das Marketing, sich vor dem Markteinstieg in neue Länder intensiv mit den jeweiligen Kulturen und ihren Codes auseinanderzusetzen um die gewünschte Erfolgswirkung zu erzielen.[108] Nicht umsonst ist McDonalds in über 120 Ländern erfolgreich. Der Erfolg stützt sich auf die Anpassung des Produktportfolios an die jeweiligen interkulturellen und landestypischen Sitten. So werden beispielsweise in Indien keine Gerichte serviert, die Rindfleisch enthalten, um sich so an die kulturellen bzw. religiösen Gegebenheiten anzupassen.[109]

---

[107] (Vgl. Held/Scheier (2018): S. 104 ff.)

[108] (Vgl. Scheier et al. (2012): S. 65 ff.)

[109] (Vgl. Esser (2014): http://www.business-on.de/koeln-bonn/burger-weltweit-was-es-nicht-alles-bei-mcdonalds-gibt-_id37618.html. (Abruf: 07.07.2018))

Konklusiv betrachtet ist es im Marketing möglich, durch die gezielte Ansprache von Codes die Erfolgswirkung von Kommunikation und Gestaltung immens zu verstärken. Dabei ist stets die Relevanz, Glaubwürdigkeit und Differenzierung innerhalb kultureller und länderspezifischer Gegebenheiten zu beachten.

5.2.2 Sprache

Der erste zu betrachtende Zugang zum Gehirn ist der Code der Sprache. Sprache lässt sich allgemein in das geschriebene und gesprochene Wort unterteilen. Das gesprochene Wort appelliert an das auditive System des Menschen, welches feine Unterschiede im Klang, Ton und der Sprache herausfiltert und diese mit Emotionen im limbischen System zu verbinden. Dabei lässt sich im Rahmen der Kommunikation mit Semantik und Prosodie, wie dem Akzent, Wortklang oder der Melodie des gesprochenen Wortes, arbeiten. Feinheiten in diesen Kriterien können unterschiedliche Wirkungen bei der Aufnahme durch den Konsumenten hervorrufen. Das geschriebene Wort appelliert an das visuelle System des Menschen. Dieses System erkennt selbst kleinste Details im Unterschied von einzelnen Buchstaben, verbindet diese mit Emotionen und Erfahrungen im limbischen System, um die aufgenommenen Informationen letztendlich mit Bedeutung zu versehen. Durch verschiedene rhetorische Mittel, wie Ironie, Hyperbeln oder Sarkasmus können geschriebenem und gesprochenem Wort versteckte Bedeutungen zugeteilt werden, was spielerische und kreative Möglichkeiten in der Kommunikation und Gestaltung bietet. Weitere nichtsprachliche Aspekte zur Übermittlung von Kommunikationsmaßnahmen sind Mimik, Gestik und Körperhaltung.[110]

Die Sprache gilt als einer der schwierigsten Kommunikationsträger, speziell wenn die Sprache allein auftritt. Denn tiefgreifende Fehler in der Verbreitung von Markenbotschaften sind nur schwer bis gar nicht reversibel. Damit das Marketing den Code der Sprache erfolgswirksam verwenden kann ist daher besonders die Auseinandersetzung mit der Prosodie notwendig. Es bedarf einer Auseinandersetzung mit kulturspezifischen Akzenten, Wortklängen und Wortmelodien. Wie in Kapitel 5.1 beschrieben wurde, kann das 40-Bits-Bewusstsein lediglich acht Buchstaben pro Sekunde wahrnehmen. Das limitiert den Werbemittelkontakt mit dem Konsumenten auf lediglich zwei Sätze, da alles darüber hinaus ineffektiv aufgenommen und verarbeitet wird. Für die Kommunikation lässt sich demnach ab-

---

[110] (Vgl. Becker-Carus/Wendt (2017): S. 422 f.)

leiten, die Sprache stets mit nichtsprachlichen Elementen zu untermauern, um die Werbebotschaft trotz Sekundärkommunikation und hohen Streuverlusten nachhaltig zu kommunizieren.[111]

Für die Prosodie gilt, dass stets eine Überstimmung zwischen ihr und den physischen Eigenschaften eines Produktes bzw. Marke herrscht. Denn das Gehirn assoziiert alle Produkteigenschaften mit dem gesprochenen Wortklang des Produktes. Stimmen Produkteigenschaften und Wortklang jedoch nicht überein, verliert das Produkt im Kopf des Konsumenten an Glaubwürdigkeit.[112]

In der Kommunikation sprachlicher Codes gilt es ebenfalls primär an den Autopiloten zu appellieren, da dieser der Hauptindikator für das Entscheidungsverhalten des Menschen ist.

5.2.3 Symbolik

Ein weiterer Zugang zum Gehirn ist die Symbolik, ein Bedeutungsträger, der implizit kulturell gelernte Reize effizient an das Unterbewusstsein weiterleitet und somit Verhaltensprogramme im Autopiloten aktiviert.[113]

Die Wirkung der Symbolik lässt sich am besten mit einem Zeichen verdeutlichen, welches uns mitunter am häufigsten im Alltag begegnet. Egal ob im Supermarkt an der nächsten Ecke, im Einkaufszentrum, auf Amazon oder jeder anderen beliebigen E-Commerce Plattform, das rote Rabattsymbol % vermittelt dem Konsumenten durch seine Farbgebung eine mutmaßliche Preisreduzierung. Symbole sind in der Lage das Kontrollsystem im Frontalllappen zu umgehen oder gar auszuschalten. Ohne jegliche Kommunikation zieht es die Aufmerksamkeit der Konsumenten an, festigt Kaufentscheidungen oder verleitet zum Kauf von Produkten, für die kein Bedürfnis bzw. keine Kaufabsicht besteht.[114] Symbole sind ein machtvolles Instrument, womit Botschaften schnell und gezielt den Autopiloten ansprechen und somit unmittelbares Verhalten auslösen können. Genauso wie bei der Sprache gilt es auch bei der Symbolik, sich mit kulturell spezifischen Gegebenheiten auseinanderzusetzen, um zum einen kein Symbol in der Marketingkommunikation zu verwenden, welches falsch aufgegriffen werden kann. Zum anderen

---

[111] (Vgl. Held/Scheier (2018): S. 49 f.)
[112] (Vgl. Held/Scheier (2018): S. 73 f.)
[113] (Vgl. Held/Scheier (2018): S. 79)
[114] (Vgl. Held/Scheier (2018): S. 56)

können in der Zielkultur gelernte Symbole effizient zur Kommunikation und Gestaltung genutzt werden, da sie auf impliziter Ebene einfach an den Autopiloten gelangen. Wenn man im Rahmen des Neuromarketings die Symbole einer Marke mit Emotionen anreichert, kann die Markenbotschaft bei jeglichem Kontakt mit dem Konsumenten implizit kommuniziert werden.[115]

5.2.4 Multisensorik

Der nächste Zugang zum Gehirn ist die Multisensorik. Die multisensorische Kommunikation bietet die Möglichkeit Marken und Produkte nachhaltig und einzigartig auf dem Markt zu positionieren, mit der Chance auf Dauer eine dominante Rolle zu etablieren.[116] Wie in vergangenen Kapiteln beschrieben wurde, erfasst unser Unterbewusstsein permanent unsere Umwelt über alle Sinne, sprich multisensorisch, um zu herauszufiltern welche Sinneseindrücke unserer selektiven Aufmerksamkeit bedürfen (Vgl. Kap. 2.3.1). Konklusiv ist die Kommunikation über mehrere Sinneskanäle zielführender und effizienter. Im Rahmen der multisensorischen Kommunikation werden Botschaften über mehrere, verschiedene Signale ausgesendet, um unterschiedliche Sinne zeitgleich zu reizen. Die Multisensorik sollte mit Bedacht und Vorsicht angewendet werden, da die empfangenen Signale mit Emotionen und Erfahrungen im limbischen System abgeglichen werden, um die aufgenommenen Informationen letztendlich mit positiver oder negativer Bedeutung zu versehen (Vgl. Kap. 2.3.2). Beispielsweise kann ein Werbevideo bildlich sowie inhaltlich noch so ansprechend sein, wenn der Konsument die begleitende Musik als störend oder negativ empfindet. Dies wird multisensuale Wahrnehmung genannt, nach der alle, im Zuge des Wahrnehmungsprozesses, über die getrennten Sinneskanäle aufgenommenen Informationen zu einer ganzheitlichen Wahrnehmung vereinigt werden.[117] Im menschlichen Gehirn gibt es mehrere Verknüpfungszentren, diese beinhalten rein funktionelle Prozessoren, welche für die Zusammenfassung der Sinne verantwortlich sind. Diese Prozessoren wiederum beinhalten Zellen, wenn nun auf mehreren Wahrnehmungskanälen zeitgleich spezifische Informationen zusammenkommen, entsteht hier eine besonders starke Reaktion. Diese ganzheitliche Wahrnehmung führt also zu einer höheren Aktivität im Gehirn des Konsumenten im Gegensatz zur zweidimensionalen Kommunikati-

---

[115] (Vgl. Held/Scheier (2018): S. 81 f.)
[116] (Vgl. Held/Scheier (2018): S. 43 f.)
[117] (Vgl. Steiner (2017): S. 10)

on, die lediglich über z.B. den Hör- und Sehsinn erfolgt. Die Zellen erzeugen bei der ganzheitlichen Wahrnehmung eine sogenannte Superadditivität und sorgen damit für das Multisensory Enhancement.[118] Als superadditiv wird eine Reizantwort definiert, bei der ein Neuron durch eine multisensorische Kombination stärker aktiviert wird als durch die Summe der Aktivierungen einzelner Reize.[119] Das Multisensory Enhancement hebt die emotionalen Bedeutungen von Dingen hervor und bewirkt somit, dass Muster besser abgespeichert werden und sich Markennetzwerke im Gehirn stärker einprägen. Das gesamte Netzwerk mitsamt aller mit dem Produkt/der Marke verbundenen Erfahrungen und Gefühle wird hervorgerufen. Je mehr Kanäle aktiviert werden, desto intensiver und nachhaltiger ist die emotionale Wirkung der Kommunikation.[120] Multisensorische Botschaften werden über die sogenannten Multisensorik-Nervenzellen, auch Interneuronen genannt, gleichzeitig über die Impulse mehrerer Wahrnehmungskanäle verarbeitet. Interneurone konzentrieren sich hierbei besonders im Bereich des Colliculi superiores, einem Bestandteil des Mittelhirndachs, der den Großteil der menschlichen Reizverarbeitung übernimmt. Hier werden die Sinne Tasten, Sehen und Hören miteinander verbunden, mit einem Anteil von bis zu 90% der Sinnesverarbeitung gelten sie als die einflussreichsten Kommunikationswege.[121] Die aufgenommenen und verbundenen Sinne werden im nächsten Schritt mithilfe der Amygdala (Vgl. Kap. **2.3.2**) und des Orbitofrontalen Kortex verarbeitet, indem abgespeicherte Emotionen und Erinnerungen hervorgerufen und mit den Sinneseindrücken verknüpft werden.

Erfolgreiche Marketingkommunikation basiert also auf einer zeitgleichen Aktivierung mehrerer Sinneskanäle, des Weiteren gilt zu beachten welche Sinne primär, und welche sekundär stimuliert werden. Das Marketing kann durch multisensorische Kommunikation einzigartige Markenauftritte bzw. Markenerlebnisse schaffen und somit Differenzierung vom Wettbewerb gewährleisten.

Ein Best Practice Beispiel für multisensorische Kommunikation ist die Lifestylemarke Hollister. Hollister bedient sich am Point of Sale einer speziellen Ladengestaltung, um die Markenpositionierung zu visualisieren und ein Markenerlebnis

---

[118] (Vgl. Steiner (2017): S. 318)

[119] (Vgl. Drewing (2017): S. 89)

[120] (Vgl. Steiner (2017): S. 318)

[121] (Vgl. Drewing (2017): S. 89 f.)

für den Konsumenten zu kreieren. So wird versucht mit der Ladengestaltung, wie dunklen schweren Holzmöbeln und Billardtischen, den kalifornischen Surferstil zum Ausdruck zu bringen, der einen lässigen und freiheitsliebenden Stil repräsentiert. Die visuellen Reize eines Hollister-Ladens werden des Weiteren mit anderen Sinneseindrücken, wie haptischen-, akustischen- und olfaktorischen Reizen untermauert und dadurch verstärkt. Hollister kombiniert das Spielen spezieller Musik mit dem Versprühen eines bestimmten Duftes, um das Markenerlebnis des kalifornischen Surferstil zu verkörpern. Im Sinne des Cross-Sellings wird sowohl Musik als auch der Duft ebenfalls am Point of Sale verkauft.[122]

Neben der multisensorischen Kommunikation gibt es noch die Forschungsgebiete der sogenannten „Embodied Semantics" und „Embodied Cognition", die sich in der Methodik des Embodiments wiederspiegeln, durch die mentale Konzepte in der Interaktion mit einer Marke oder einem Produkt ausgelöst werden. Neben der Multisensorik stimulieren Produkte auch die Motorik des Menschen, Embodiment beschreibt also die zentrale Rolle unseres Körpers bei der Entschlüsselung von Codes, denn die verschiedenen Interaktionsweisen mit einem Produkt senden ebenfalls implizite Signale an das Gehirn.[123]

Ein gutes Beispiel für Embodiment ist das iPhone von Apple, dessen Interaktionsgesten patentiert wurden. Durch die einfache, intuitive Bedienung mit dem Zeigefinger hat sich eine Assoziation mit dem mentalen Konzept eines Magazins gebildet, welches die Codes Freizeit, Zerstreuung und leichte Unterhaltung aussendet. Durch die Interaktion mit dem iPhone etablieren sich im Gehirn des Konsumenten also bereits die mentalen Konzepte Freizeit, Zerstreuung und Leichtigkeit. Des Weiteren sind die visuellen Reize, also die bunte Farbgebung und Animationen so gestaltet, stets einen verspielten Eindruck zu vermitteln (z. B. das Wackeln der App Icons, wenn eine App gelöscht werden soll). Somit assoziieren die Konsumenten das Nutzen eines iPhones mit Zerstreuung und kurzweiliger Unterhaltung, was sich mit dem gesellschaftlichen Problem der Social Media Abhängigkeit (Vgl. Kap. 2.3.3) aufaddiert und eine kontinuierliche Interaktion bzw. Nutzung fördert.[124]

---

[122] (Vgl. Esch/Gawlowski/Rühl (2012): S. 27)
[123] (Vgl. Scheier (2017): S. 71 ff.)
[124] (Vgl. Scheier et al. (2012): S. 76 ff.)

Sowohl sensorischer als auch motorischer Input sind mit mentalen Konzepten verbunden und bilden daher einen entscheidenden Faktor für Relevanz, Glaubwürdigkeit und Differenzierung (Vgl. Kap. 2.3.3.4).[125] Wie am Beispiel des iPhones steigern die erhöhten neuronalen Aktivitäten im Gehirn die Attraktivität des Produktes und beeinflussen das Verhalten des Konsumenten implizit zur erhöhten Interaktion. Die intuitive Gestaltung eines Produktes stellt somit eine wichtige Codierung dar. Produkte, die multisensorisch kommunizieren und interagieren, haben also eine hohe Erfolgserwartung. Für eine erfolgreiche Marketingkommunikation gilt es den Fokus auf tiefgreifende Faktoren der Interkation, also auf die Multisensorik, das Embodiment, die Sprache sowie Symbolik zu legen. Je mehr Codes kommuniziert werden, desto nachhaltiger wirkt sich die Markenbotschaft im Gehirn des Konsumenten aus.

5.3 Brand Code Management

Das Brand Code Management (BCM) ist eine, auf der Neuropsychologie basierende, Methodik der Markenpräsentation und beschäftigt sich mit Prozessen der Strategieformulierung, -umsetzung und -evaluierung, um Marken Eingang in das implizite System der Menschen zu verschaffen. Der Ausgangspunkt des BCM ist die neuropsychologische Sichtweise, dass Marken in neuronalen Netzwerken des Gehirns gespeichert werden und der Wert einer Marke demnach erst in den Köpfen von Menschen entsteht. Die neuronalen Markennetzwerke sind in der Lage die Speicherung der Marken und ihrer Bedeutung für den Konsumenten durch Neuverknüpfung zu steuern und zu verändern. Das neuronale Markennetzwerk besteht aus zwei Ebenen, die bereits im Verlauf dieser Arbeit abgehandelt wurden. Die erste Ebene bilden die Motive eines Menschen (Vgl. Kap. 2.3.3.1), sie sind für eine differenzierte Positionierung, Relevanz und Glaubwürdigkeit zuständig (Vgl. Kap. 2.3.3.4). Die zweite Ebene bildet sich aus den kommunizierten Markensignalen (Brand Codes; vgl. Kap. 5.2), die eine Verbindung zu den tiefen Motiven sowie Überzeugungen und den mentalen Konzepten im menschlichen Gehirn herstellen. Das Brand Code Management konzentriert sich also auf die drei Aufgaben der Markenpositionierung über Motive und Emotionen, der Implementierung von Codes und der Erfolgskontrolle durch implizite Messverfahren.[126]

---

[125] (Vgl. Scheier et al. (2012): S. 90)
[126] (Vgl. Thinius/Untiedt (2017): S. 85 f.)

Die erste Aufgabe des BCM ist die Markenpositionierung über Motive und Emotionen. In den vorangegangenen Kapiteln wurde die Erkenntnis gewonnen, dass Emotionen und Motive ausschlaggebende Auslöser des Kaufverhaltens sind. Wenn die Motive und Bedürfnisse eines Konsumenten durch Marken befriedigt werden, wird eine neuronale Reaktion im Belohnungssystem aktiviert. Die Kopplung von Marken an das Belohnungssystem ist der Grund, warum starke Marken präferiert werden. Dabei erfolgt das Entscheidungsverhalten auf der Ebene des „Haben-Wollen" Prinzips und der Preisebene. Die Wahrscheinlichkeit eine hohe Preisklasse zu akzeptieren ist bei Konsumenten, deren Haben-Wollen Verhältnis sehr stark ausgeprägt ist, besonders hoch. Marken, die Motive nicht gezielt ansprechen werden als uninteressant eingestuft und lediglich aufgrund der Preispräferenz gekauft.[127]

Die zweite Aufgabe ist die Implementierung von Codes. Codes gelten als die Bedeutungselemente einer Marke, anhand derer im Rahmen des BCM die Markenpositionierung abhängig von den Zielgruppen gelernt wird (Vgl. Kap. **5.2**). Das Brand Code Management teilt die Codes in vier Bedeutungsmuster ein:

- Episodik: Episodische Codes spiegeln sich in der klassischen Marketingkompetenz des Story-Tellings wieder.

- Sprache: Symbolische Codes spiegeln sich in gesprochenem und geschriebenem Wort wieder und sollten in der Marketingpraxis stets den kulturellen Bedingungen entsprechen. (Vgl. Kap. 5.2.2)

- Symbolik: Symbolische Codes sind kulturell gelernte Zeichen, Markenlogos, Gesten und Figuren. (Vgl. Kap. 5.2.3)

- Sensorik: Sensorische Codes stellen alle konkret wahrnehmbaren Sinnesstimulationen dar. (z.B. Farben, Formen, Größe und Topografie; vgl. Kap. 5.2.4)

Das Brand Code Management ist also ein Verfahren, das kulturwissenschaftliche Bedeutungsmuster mit psychologischen Verfahren verbindet, um Erinnerungen von Marken abzurufen.[128]

Die dritte und letzte Aufgabe des BCM ist die Erfolgskontrolle der Strategie durch implizite Messverfahren. Anhand der Forschungsmethoden der Neuropsychologie

---

[127] (Vgl. Thinius/Untiedt (2017): S. 86)
[128] (Vgl. Thinius/Untiedt (2017): S. 86 f.)

und des Neuromarketings lassen sich erstklassige Erkenntnisse erheben, die Aufschluss über das menschliche Gehirn und dessen Funktionsweise liefern. Im Rahmen der Digitalisierung (Vgl. Kap. **3**) wird das Neuromarketing immer enger mit Online-, Viral-, Digital- und Schwarmintelligenz-Marketing verknüpft. Die Marketingdisziplinen sind durch die digitale Revolution in der Lage, durch massenhafte Erfassung von Daten „Big Data", und der Fähigkeit diese Daten zeitnah und zielgerichtet zu evaluieren, dem sogenannten „Big Research", kontinuierlich voneinander zu lernen.[129] Die neuropsychologischen und informationstechnologischen Entwicklungen bewegen sich immer weiter aufeinander zu.

Die Digitalisierung führt zu einem steigenden Aussterben von Print- und TV-Medien, was Marken zu der Notwendigkeit führt, einen komplett neuen, im Vergleich zum bisherigen anderen, Internetauftritt zu gestalten. Es müssen neue, innovativere Gestaltungsansätze gegeben werden, die von weniger Annahmen ausgehen, und eine sofortige Wirkungskontrolle, wie im Online- und Dialogmarketing, gewährleisten. Des Weiteren entstehen durch die Digitalisierung neue Marktforschungsansätze, da die Rückkanäle von Marken im Online- und viralen Raum eine sofortige Annahme oder Ablehnung zeigen.

Eine dieser impliziten Messmethoden ist beispielsweise das Priming-Paradigma-Verfahren. Der Proband wird hierbei Werbemitteln zur Stimulierung des Markennetzwerks ausgesetzt, um seine Reaktionszeit auf die Reize zu messen. Starke Marken sind dabei in der Lage das Markennetzwerk zu aktivieren, ohne dass der Versuchsperson das Markenlogo gezeigt wird. Eine erfolgreiche Aktivierung des Markennetzwerks ohne Erblicken des Markenlogos wäre z.B. das Hören des „Taste the Feeling" Werbespots und die sofortige Assoziation mit Coca-Cola.

In einem weiteren impliziten Experiment wurden Versuchspersonen Bilder von Brad Pitt und Boy George in Verbindung mit dem Wort Mann gezeigt, um die Reaktionszeigt auf diese kombinierten Reize zu messen. Das Ergebnis war eine kurze Reaktionszeit während des ersten Testvorgangs und eine längere während des zweiten. Die assoziativen Netzwerke im Gehirn bestehen aus Knotenpunkten mit unterschiedlich starken Verknüpfungen, die die mentalen Konzepte von Brad Pitt und Mann schneller assoziiert haben als bei Boy George und Mann. Je enger zwei

---

[129] (Vgl. Perrey (2018): S. 262 f.)

mentale Konzepte also im Gehirn assoziiert werden, desto geringer ist die benötigte Reaktionszeit eines Konsumenten.[130]

Das Brand Code Management stellt eine effiziente Variante des Markenmanagements dar. Implementierungslücken in Markenauftritten lassen sich zeitnah schließen oder gar vermeiden. Die Analyse der Brand Codes gibt stetig Auskunft über den Grad der Implementierung von Kommunikationsstrategien in die Markenwelt. Das Brand Code Management bedient sich des Weiteren sensitiver und multisensorischer Messverfahren aus den Neurowissenschaften um die Kommunikationswirkung auf das implizite System darzustellen und zu beweisen. Damit wird eine hohe Erfolgswirkung bei den Zielgruppen gewährleistet und bewegt die Kommunikation vom Sender-Empfänger-Modell in Richtung Dialog-Marketing.[131] Im Rahmen des Schwarm-Intelligenz-Marketings kommt dabei eine kontinuierliche Vernetzung aller Kerninformationen einer Marke (Empfindungen, Gefühle und Emotionen) zustande.

5.3.1 Emergente Marketingsysteme

Diese Vernetzung stützt sich auf das Vorbild komplexer Schwarmintelligenz-Systeme der Natur, dem Phänomen der sogenannten Emergenz. Die Emergenz ist die Herausbildung von neuen Eigenschaften oder Strukturen eines Systems durch das Zusammenspiel seiner Elemente. Im neurowissenschaftlichen Kontext besagt die Emergenztheorie, dass die kognitiven Fähigkeiten eines Menschen eine emergente Eigenschaft darstellen, die durch das kombinierte Verhalten einzelner Neuronen entsteht.[132]

Eine einzelne Ameise ist ein ziemlich stupides Wesen, ohne großartiges Bewusstsein, ohne Willen, ohne Plan. Trotzdem ist es einer Ameisenkolonie möglich, zusammen als intelligentes System zu fungieren. Kolonien sind dadurch in der Lage komplexe Systeme und Strukturen zu schaffen. Gemeinsam legen Ameisen Pilzfarmen an, betreiben Landwirtschaft, führen gemeinsam Krieg gegen andere Kolonien oder verteidigen sich im Kollektiv. Das Phänomen der Emergenz lässt also eine Gruppe stupider Ameisen, die im Einzelnen nichts bewerkstelligen, einheit-

---

[130] (Vgl. Thinius/Untiedt (2017): S. 87)

[131] (Vgl. Thinius/Untiedt (2017): S. 87 f.)

[132] (Vgl. Becker-Carus/Wendt (2017): S. 572)

lich als intelligentes System fungieren.[133] Knapp definiert beschreibt die Emergenz kleine Einheiten, die sich als große Einheit zusammenfügen und sich dadurch neue Eigenschaften herausbilden, die die einzelnen Einheiten vorher nicht besaßen. Emergenz ist das Entstehen von Komplexität aus Simplizität und sie beschreibt eine der fundamentalen Funktionsweisen des Universums.

Abbildung 6: Das emergente System eines Fischschwarms.[134]

Zur näheren Beschreibung betrachten wir das Konzept von Nässe. Wasser hat sehr unterschiedliche Eigenschaften, verglichen mit den Molekülen, aus den es besteht. Wenn man ein nasses T-Shirt zur Betrachtung zieht und mit einem Mikroskop bis in die kleinsten Partikel hineinzoomt, herrscht dort keine Nässe mehr. Man findet lediglich Wassermoleküle vor, die zwischen den Atomen der Kleidung sitzen. Nässe ist eine Eigenschaft, die aus Wasser entsteht, das Wasser wiederum entsteht aus der Interaktion zwischen unzähligen Wassermolekülen. Das beschreibt das Konzept der Emergenz ziemlich gut, viele einzelne Einheiten interagieren unter bestimmten naturwissenschaftlichen Gesetzen miteinander und kreieren etwas, dass über ihren Horizont hinausgeht. Nach diesem Prinzip funktioniert ebenfalls die in Kapitel **2.4** beschriebene Psychologie der Massen. Eine Masse an Einheiten fungiert anders als das einzelne Glied und bildet damit eine neue

---

[133] (Vgl. Miller (2007): https://www.nationalgeographic.de/tiere/schwarmintelligenz. (Abruf: 10.07.2018))
[134] (Aburto (2012): https://octavioaburto.com/cabo-pulmo. (Abruf: 10.07.2018))

Einheit, die neue Einheit wiederum kann sich erneut mit anderen Einheiten koppeln, um den Prozess zu wiederholen. Je öfter sich der Prozess wiederholt, umso komplexere Systeme bilden sich. Atome bilden sich zu Molekülen zusammen, Moleküle wiederum formen Proteine, Proteine formen Zellen, Zellen formen Organe, Organe formen Individuen, Individuen formen Gesellschaften. Die Emergenz kann auch als ein selbstorganisiertes Entstehen von geordneten Strukturen aus Unordnung gesehen werden.[135]

Dieses Wissen kann genutzt werden, um primär im Brand Code Management, aber auch in anderen Bereichen eines Unternehmens, emergente Marketingsysteme zu bauen. Die Codes, die in vergangenen Kapiteln erarbeitet wurden, funktionieren alle als einzelne Einheit auf ihre bestimmte Art und Weise. Ziel des BCM sollte hier sein, alle verfügbaren Codes der Marke als ein emergentes System ganzheitlich zusammenspielen zu lassen, um dadurch neue, verbesserte Eigenschaften und Strukturen für die Marke herauszubilden. Das Ergebnis wäre eine Marke, bei der alle einzelnen Bestandteile, alle Codes, als ein gemeinsamer Nenner integral ineinandergreifen und intuitiv harmonieren. Das Endresultat einer Marke sollte einem Meisterwerk gleichen und damit Kultstatus erhalten oder als Klassiker gelten. Meisterwerke bilden den Inbegriff für höchste Qualität in ihrer jeweiligen Kategorie. Der Porsche 911, das Parfüm Chanel No 5 und der Lounge Chair von Eames sind alles Produkte, die in der Lage sind Kulturen und Weltgegenden zu verbinden und sich von ihresgleichen abzuheben. Sie symbolisieren das Beste vom Besten.[136]

---

[135] (Vgl. Krohn/Küppers (1992): https://www.spektrum.de/lexikon/psychologie/emergenz/4021. (Abruf: 10.07.2018))

[136] (Vgl. Butler/Tischler (2016): S. 53 ff.)

6 Fallbeispiel: Neuromarketing in der Praxis

Im bisherigen Verlauf dieser Arbeit wurden die theoretischen Grundlagen des Neuromarketings und das dynamische Herdenverhalten des Menschen in Kapitel **2** erarbeitet. Die Werbung, als Bestandteil der Kommunikationspolitik, und deren aktueller Stand wurden in Kapitel **3** eingeordnet. Die Forschungsmethoden des Neuromarketings wurden in Kapitel **4** abgehandelt und zuletzt wurde in Kapitel **5** Aufschluss über die Erkenntnisse des Neuromarketing, wie das Zusammenspiel von implizitem und explizitem System funktioniert, wie Codes den Zugang für Marken ins Unterbewusstsein der Konsumenten bahnen und wie das Brand Code Management mit dem Schaffen emergenter Marketingsysteme Kultmarken kreieren kann, gegeben. Nachdem das theoretische Wissen nun erarbeitet wurde, versucht das folgende Kapitel, der praktische Teil dieser Arbeit, anhand der Coca-Cola Company aufzuzeigen, wo das Neuromarketing bereits heutzutage Eingang in die Werbung findet. Die Erkenntnisse des Fallbeispiels sollen helfen, die Fragestellung zu beantworten, welche Einflüsse das Neuromarketing auf die Werbung der Zukunft hat. Im Verlauf der Arbeit wurden bereits mehrere Kapitel mit kleinen Beispielen von Coca-Cola verdeutlicht, einleitend soll dennoch erklärt werden, wer die Coca-Cola Company ist und warum diese sich für die Thematik dieser Arbeit besonders gut eignet. Anschließend wird der aktuelle Werbespot „Wir erfrischen eure Leidenschaft" auf die Erkenntnisse dieser Arbeit hin analysiert, um ein schlussfolgerndes Fazit geben zu können.

6.1 Die Coca-Cola Company

> „You can be watching TV and see Coca-Cola, and you know that the President drinks Coke, Liz Taylor drinks Coke, and just think, you can drink Coke, too. A Coke is a Coke and no amount of money can get you a better Coke than the one the bum on the corner is drinking. All the Cokes are the same and all the Cokes are good. Liz Taylor knows it, the President knows it, the bum knows it, and you know it." – Andy Warhol[137]

Die Coca-Cola Company ist das größte Getränkeunternehmen der Welt und besitzt, lizensiert und vermarktet mehr als 500 alkoholfreie Getränkemarken, davon 17 Marken mit Milliardenumsätzen, unterhält Partnerschaften mit mehr als 20 Millionen Retail-Kunden und ist in mehr als 200 Ländern präsent. In ihrem Sorti-

---

[137] (Butler/Tischler (2016): S. 45)

ment befinden sich die fünf weltweit bestverkauften Erfrischungsgetränkemarken Coca-Cola, Diät Coke, Fanta und Sprite. 61.800 Mitarbeiter arbeiten jeden Tag daran, dass die Coca-Cola Company in der Lage ist, ihre Produkte mit einer Rate von 1,9 Milliarden Flaschen am Tag an ihre Konsumenten zu verkaufen.[138] Coca-Cola ist eine globale Marke mit einem Börsenwert von über 170 Milliarden US-Dollar und hat es geschafft, die Welt zu erobern. Sie ist eine omnipräsente Kultmarke, deren Logo und Design selbst im letzten Winkel der Erde wiedererkannt werden und das gewohnte Markenerlebnis bieten.[139] Doch wie schafft es eine seit hundert Jahren bestehende Marke, relevant zu bleiben? Trotz globalen Erfolgs lernt das Unternehmen immer noch dazu. Ihr Erfolg stützt sich primär auf extreme Präsenz und emotionale Marketingkommunikation. In Kapitel **4.4** wurde erläutert, wie die Marke den präfrontalen Cortex im Gehirn stimuliert und somit Coca-Cola mit positiven Emotionen und einem hohen Selbstwertgefühl assoziiert. Welche Erkenntnisse dieser Arbeit tatsächlich in die Marketingkommunikation fließen, werden wir in der Analyse des aktuellen deutschen Werbespots der Fußball Weltmeisterschaft in Russland 2018, „Wir erfrischen eure Leidenschaft", untersuchen und darüber hinaus veranschaulichen, in welchen anderen Bereichen von Coca-Cola diese Erkenntnisse Anwendung finden.

---

[138] (Vgl. The Coca-Cola Company (2017): S. 13: https://www.coca-colacom-pany.com/content/dam/journey/us/en/private/fileassets/pdf/2018/TCCCAR17.pdf?utm_source=annual-review-2017.com&utm_medium=referral&utm_campaign=Annual_Report. (Abruf: 10.07.2018))

[139] (Vgl. Butler/Tischler (2016): S. 8 f.)

6.1.1 Werbeanalyse „Wir erfrischen eure Leidenschaft"

Abbildung 7: Coca-Cola Werbespot Fußball Weltmeisterschaft 2018 „Wir erfrischen eure Leidenschaft"
https://www.youtube.com/watch?v=BwbyWWh0pyA.[140]

Der Werbespot zieht sich über eine Länge von 30 Sekunden hin, wird von dem Klavierlied „Nuvole Bianche" von Ludovico Einaudi untermalt und lässt sich in Szenerien mit drei Handlungstypen unterteilen: Die Motivation der Fußballmannschaften durch ihre Kapitäne oder Trainer vor dem Spiel, das gemeinsame Erleben eines Fußball Höhepunktes in Public Viewing Events wie Bars und Straßenfesten und zuletzt demselben Erlebnis nur gesteigert, live im Stadion.

Die Werbung lässt sich zunächst ziemlich einfach in das Schema der Psychologie der Massen aus Kapitel 2.4 eingliedern. Die Coca-Cola Company greift hier eine kurzlebige Idee bzw. ein Event, dass auf einen bestimmten Zeitraum begrenzt ist, auf. Damit trifft das Unternehmen zum einen den Zeitgeist der Weltmeisterschaft und beruht sich auf die gemeinsame Wertebasis der Menschen indem es sich an ihre Leidenschaft zum Fußball adressiert. Als nächstes wird an die Emotionalität der Massen in Formen großer Worte und Bilder appelliert. Es wurde zur Erkenntnis gebracht, dass ein Individuum meistens Entscheidungen unbewusst auf emotionaler Basis trifft und diese erst im Nachhinein rationalisiert und dass die versammelte Masse gleichzeitig dieselben Gefühle empfindet. So sind im Werbespot große, tiefgreifende und emotionale Worte der Motivation zu hören, wie z.B. „Wir

---

[140] (Coca-Cola (2018): https://www.youtube.com/watch?v=BwbyWWh0pyA. (Abruf: 10.07.2018))

müssen mit dem Herzen spielen." zur zehnten Sekunde. Große Bilder werden in Formen verschiedener Klimaxe dargestellt. Zum einen der Höhepunkt der Motivation der einzelnen Mannschaften, gefolgt von einem Stürmen auf das Spielfeld unter entfachter Leidenschaft. Zum anderen der Höhepunkt eines großen gemeinsam erlebten Fußballmomentes unter Fans, sowohl in Bars und Straßenfesten, als auch live im Stadion. Natürlich hat ein Großteil der Fans beim Erleben dieses Momentes eine Coca-Cola Flasche in der Hand, dessen Label „zufällig" in Richtung Kamera zeigt. Wie in allen Werbekampagnen geht es darum, Coca-Cola so in Szene zu setzen, dass die Farben, Texturen und Emotionen der Bilder hervorgehoben werden. Die letzte, zur Kommunikation nötige Erkenntnis von Gustave Le Bon sind die drei Wirkungsmittel der Behauptung, Wiederholung und Übertragung. Coca-Cola stellt hier die Behauptung auf, dass das Trinken einer Coke die Leidenschaft eines Konsumenten entfacht bzw. erfrischt. Der Werbespot wird bereits damit eingeläutet, dass der Mannschaftskapitän Manuel Neuer vor dem Halten seiner Motivationsrede eine frischgekühlte Coca-Cola Zero trinkt, um im gegeben Kontext Leidenschaft für seine Rede zu tanken. In der dreizehnten Sekunde wird dies nochmals untermauert, indem vor dem vor Leidenschaft entfachten Einstürmen in das Stadion Coca-Cola aus einem Eisbehälter genommen und offscreen getrunken wird. Im weiteren Verlauf der Werbung wird im Klimax des Fußball Höhepunktes bei den Fan-Events stets die Masse beim Trinken bzw. Halten einer Coca-Cola Flasche gezeigt, was suggerieren soll, dass die Leidenschaft des Mitfieberns mit Coca-Cola assoziiert wird. Im Outro bedient sich Coca-Cola nochmals dem Code des geschriebenen Wortes um nachhaltig die Assoziation durch die Worte „Wir erfrischen eure Leidenschaft" zu untermauern. Die Behauptung, dass Coca-Cola die Leidenschaft des Konsumenten verstärkt bedient sich natürlich keiner Logik, dies ist frei von Belegen und Beweisen, daher entsteht bei den Massen nach Le Bon eine ehrfürchtige Auffassung. Genauso wie im Beispiel des Kapitels 2.4 macht eine Flasche Coca-Cola weder jeden Moment eines Alltags zu etwas Besonderem, noch entfacht sie die Leidenschaft eines Menschen. Wie in der fMRT-Studie wird hier versucht die Assoziationen im Gehirn des Konsumenten mit der Marke Coca-Cola aufzubauen. Darauffolgend geht es um die Wiederholung und Umsetzung durch die kontinuierliche Präsenz in Massenmedien während der verschiedensten Alltagssituationen. Werbespots, die den Zeitgeist einer Idee treffen sollen, kann man sich bei Coca-Cola wie die Unterkategorie des hauptsächlichen Werbeclaims vorstellen. Der seit 2016 weltweit präsente Werbeclaim „Taste the Feeling" wird in über 200 Ländern ausgestrahlt. Zur 27ten Sekunde wird das Markenlogo mit jenem Werbeclaim als Unterschrift gezeigt, um zu suggerieren, dass dieser Werbespot integraler Bestandteil der hauptsächlichen Kampagne ist. Diese Unterkategorien werden dabei immer auf die kurzlebigen Ideen der jeweiligen Kulturen und Länder angepasst, jedoch stets als Bestandteil des weltweiten Werbeclaims.

Neben den Erkenntnissen der Massenpsychologie lassen sich viele weitere Markencodes in der Werbung finden. Bei dem Werbespot handelt es sich nämlich um multisensorische Kommunikation, die auf langer Tradition von Coca-Cola in Sachen visuellem Storytelling beruht. Das Unternehmen legt die Handlung der Geschichte dabei stets nach vier Archetypen aus: Coca-Cola als Objekt der Begierde, das Embodiment einer Einstellungshaltung, Coca-Cola als Social Connector und einem funktionellen Angebot oder Nutzen des Produktes.[141] In den beiden erarbeiteten Kontexten ist der Nutzen wie folgt: Coca-Cola macht jeden Moment des Alltags zu etwas Besonderem und Coca-Cola entfacht deine Leidenschaft. Coca-Cola als Social Connector spiegelt sich besonders im gemeinsamen Erleben der Höhepunkte im Werbespot wieder. Die Marke assoziiert sich als Must-Have beim Ansehen eines Fußballspiels. Das erste Bedeutungsmuster, an dem sich das Unternehmen bedient ist also die Episodik (Vgl. Kap. 5.3). In der vorliegenden Werbung sind des Weiteren die Codes der Sprache, sowohl geschrieben als auch gesprochen, der Symbolik und Sensorik zu finden. Zum einen wird im Rahmen der Sensorik der Wahrnehmungskanal des Gehörs, neben dem Code der gesprochenen Sprache, auch durch die begleitende Klaviermusik von Ludovico Einaudi stimuliert. Visuelle Reize werden konklusiv durch die qualitativ hochwertige Videobotschaft und die darin vermittelten Schauplätze stimuliert.

Zum Code der geschriebenen und gesprochenen Sprache appelliert Coca-Cola hier an unser emotionales Unterbewusstsein, indem motivierende Ansprachen der Kapitäne bzw. Trainer der Mannschaften im ersten Verlauf der Handlung gezeigt werden. Manuel Neuer verdeutlicht mit seinen Worten: „Niemand denkt an den letzten Champion, jeder denkt an den nächsten!" die Wichtigkeit, alles zu geben und motiviert somit seine Mannschaft das Spiel zu gewinnen. Deutschland ist eine Fußball-Nation, indirekt wird hier das Fußballbewusstsein und der Verbund der Deutschen zu ihrer Nationalmannschaft während der WM angesprochen. Folgend werden noch zwei emotionale Einzeiler „Leidenschaft, Liebe, Herz. Keiner hat das,

---

[141] (Vgl. McDermott (2018): https://contentmarketinginstitute.com/2018/02/coca-cola-storytelling/. (Abruf:11.07.2018))

so wie wir." und „Wir müssen mit dem Herzen spielen." in Untertiteln kommuniziert. Die Wirkung dieser drei Botschaften und der Markenbotschaft, dass Coca-Cola Leidenschaft entfacht, wird im Video infolgedessen durch den aufbauenden Klimax der Klaviermusik, gepaart mit den hochmotivierten Kampfschreien der Fußballspieler in Überleitung zum Erleben des Sporthöhepunktes der Fans, gekoppelt mit dem nun erreichten Höhepunkt der Musik, manifestiert. Im Outro bedient sich Coca-Cola nochmals dem Code des geschriebenen Wortes um nachhaltig die Assoziation durch „Wir erfrischen eure Leidenschaft" zu untermauern und den Werbespot als integralen Bestandteil des „Taste the Feeling" Werbeclaims zu kommunizieren.

Der Code der Symbolik wird hier einerseits durch den Kult der Coca-Cola Marke in Form von Schrift als auch in Flaschenform präsentiert. Das Unternehmen standardisierte bereist 1923 die sogenannte Spencer-Schrift, seitdem hat sich diese nicht mehr verändert und gehört heute zu den Markenlogos mit dem größten Wiedererkennungswert weltweit.[142] Der weitere Kultfaktor ist die 1916 entstandene Konturflasche der Marke, die sich selbst im Dunkeln ertasten und sogar anhand einer einzelnen Scherbe identifizieren lassen soll. Die Konturflasche gehört heute zu den meistgefeierten Artefakten des Unternehmens und zu einem der meistbekannten Gegenstände des 20. Jahrhunderts, die in mehr als 200 Ländern vertrieben wird. Ihren Kultstatus verdankt die Konturflasche einer defensiven Marketingkampagne des Unternehmens, so wurde die Konturflasche integraler Bestandteil der Handlung des 1980 erschienenen Films „Die Götter müssen verrückt sein". In der Handlung dieses Films fällt eine Coca-Cola Flasche aus einem Flugzeug und landet, ohne zu zerbrechen, in der Kalahari-Wüste. Dort wird sie von einigen Buschmännern entdeckt, die in der Flasche ein wunderbares Artefakt, ein Geschenk der Götter vermuten. Die Ironie hinter dem Film ist, dass es einen Eingeborenenstamm von den fernen Rändern der Zivilisation braucht, um nicht sofort die berühmteste Flasche der Welt zu erkennen.[143] Tatsächlich sind die einzigen Länder der Welt, in den keine Coca-Cola verkauft wird, Nordkorea und Kuba.[144]

---

[142] (Vgl. Butler/Tischler (2016): S. 62)

[143] (Vgl. Butler/Tischler (2016): S. 62 ff.)

[144] (Vgl. Focus-Money (2012): https://www.focus.de/finanzen/boerse/coca-cola-in-fast-jedem-winkel-der-erde_aid_860153.html. (Abruf: 11.07.2017))

Andererseits wird Fußball natürlich als Symbol des deutschen Nationalsports im Rahmen dieses Events aufgegriffen. So wird in der Handlung des Werbespots Coca-Cola als Social Connector für den Zusammenhalt und die Leidenschaft für den Fußball suggeriert. Die Menschen sind während des Fußballspiels zusammen in randvollen Bars, auf Straßenfesten und natürlich live im Stadion. Hierbei sind im Video zum einen Gestiken von Fangesängen zu finden, zum anderen appellieren die Mitglieder der Fußballnationalmannschaft, im Vordergrund Manuel Neuer, an den Archetypen der deutschen Werbung. Denn kein Thema wird in Deutschland so sehr kommerzialisiert wie der Fußball und erhält dementsprechende selektive Aufmerksamkeit der Audienz.[145]

Der Code der Sensorik lässt sich zum einen in der begleitenden Musik finden, die die Wahrnehmung über das Gehör stimuliert. Das Klavierlied „Nuvole Bianche" des Komponisten Ludovico Einaudi beigeleitet und unterstützt die Höhen und Tiefen des gesamten Werbespots. Seine Musik wird dabei als kleine musikalische Gedanken, vielmehr Floskeln, die in Dur-Moll-Wechseln und schillernden, verminderten Akkorden repetitiv durch die Harmonie mäandern, beschrieben.[146] Ludovico Einaudi bewegt besonders Deutschland mit seinen Musikstücken, was sich in vollen Konzertsälen und einem Publikum wiederspiegelt, das nach Zugabe um Zugabe ruft. Durch diese Popularität trifft seine beruhigende, friedliche und inspirierende Musik gerade den Zeitgeist der Deutschen und eignet sich daher hervorragend, um zeitgenössische Werbung emotional für das Unterbewusstsein anzureichern.[147]

Zum anderen findet sich die Sensorik im hochqualitativen Bildmaterial der verschiedenen Szenerien wieder, die die optische Wahrnehmung stimulieren. Es wird versucht den Tastsinn bzw. den Geschmacksinn zu visualisieren und anzuregen, indem besonders in der dreizehnten Sekunde eisgekühlte Coca-Cola gezeigt wird, um durch diesen Stimulus das Verlangen nach einer tiefgekühlten Coca-Cola auszulösen. Denn eisgekühlte Coca-Cola ist ebenfalls ein Code, der zum Kultstatus der Marke gehört und mit ihr assoziiert wird. Coca-Cola wurde dazu entworfen,

---

[145] (Vgl. Bundeszentrale für politische Bildung (2017): https://www.bpb.de/gesellschaft/medien/deutsche-fernsehgeschichte-in-ost-und-west/245748/kommerzialisierung-des-sports. (Abruf: 11.07.2018)

[146] (Vgl. Schmidt (2010): https://www.zeit.de/kultur/musik/2010-12/ludovico-einaudi. (Abruf: 11.07.2018))

[147] (Vgl. Offizielle Deutsche Charts (2018): https://www.offiziellecharts.de/news/item/504-ludovico-einaudi-und-barockmusiker-haben-klassik-charts-im-griff. (Abruf: 11.07.2018))

dass der Kohlensäureanteil, die Rezeptur und die Glasflasche bei einer Temperatur von zwei Grad Celsius am besten zusammenwirken und gilt als absoluter Standard für den Konsum des Getränks.[148]

64

---

[148] (Vgl. Butler/Tischler (2016): S. 64)

7 Schlussfolgerung und Empfehlung

Konklusiv betrachtet nutzt die Coca-Cola Company alle in dieser Arbeit erarbeiteten Erkenntnisse des Neuromarketings bereits seit langem für sich, um als wertvollste Getränkemarke der Welt relevant zu bleiben. Der Markenname Coca-Cola stimuliert, durch fMRT-Forschung nachgewiesen, die Hirnregion des präfrontalen Kortex. Diese Region spielt eine prägende Rolle für das Selbstbild eines Menschen. Die Marke hat es geschafft, mit positiven Emotionen und einem hohen Selbstwertgefühl assoziiert zu werden und verankert sich damit in dem Grundmotiv der Menschen, positive Emotionen erleben zu wollen. Coca-Cola zu trinken suggeriert Sicherheit und Erregung. Damit verbunden werden die Ziele und die Persönlichkeit von Menschen angesprochen, was sich wiederum auf die Relevanz, Glaubwürdigkeit und Differenzierung der Marke auswirkt. Wie in der Studie erfasst wurde, wechselte die Präferenz bei Bekanntgabe des Markennamens sofort von Pepsi zu Coca-Cola, ganz gleich ob Pepsi besser schmeckt. Durch ihre weltweite Präsenz und Auffassung von kurzlebigen, kulturell- und länderspezifischen Ideen durch emotional wirkende Marketingmaßnahmen, die kontinuierlich wiederholt werden, kommuniziert das Unternehmen erfolgreich auf die Massen. Die Coca-Cola Company benutzt alle ihr verfügbaren Markencodes, um erfolgreich emergente Marketingsysteme zu bauen, mit dem Ziel, den emotional entscheidenden Autopiloten des Menschen zu beeinflussen. Jeder einzelne Bestandteil dieser Marke wird gezielt gestaltet, um eine ganz bestimmte Funktion zu erfüllen und mit allen anderen Bestandteilen perfekt zu harmonieren. Das Resultat ist eine Marke bzw. ein Produkt, das sich für das Unterbewusstsein des Menschen aufgrund des emergenten Zusammenspiels aller Codes gut anfühlt. Aus diesem Grund ist Coca-Cola Kultur- und Weltgegenden übergreifend erfolgreich. Es ist der Inbegriff für Qualität, das erfolgreichste Getränk der Welt und genießt Kultstatus.

Nicht umsonst gehört Coca-Cola genauso wie Apple, Google und Amazon zu den wertvollsten Marken dieser Welt. Alle verbindet genau eine Sache: Sie alle haben identisch aufgebaute Marketingkommunikation, allem voran spiegelt sich das in ihrer Werbung wieder. Vergleicht man beispielsweise die Werbespots des iPhone X und des Google Pixel 2 unter Ausblendung jeglichen Brandings miteinander, ist man nicht in der Lage zu differenzieren von welchem Unternehmen diese Werbung stammt.[149],[150] Das ist keinesfalls ein Zufall, die Unternehmen hinter den wertvollsten Marken sind sich bereits seit langem den Erkenntnissen des Neuromarketings bewusst und nutzen diese, um durch emergente Marketingsysteme ihre Marken zu kommunizieren.

Abbildung 8: Apple Werbespot „Hinter dem Mac"
https://www.youtube.com/watch?v=GjrfE-prnlk.[151]

Um diese Behauptung zu verdeutlichen wird im Kurzdurchlauf der aktuelle Werbespot „Hinter dem Mac" von Apple auf die Parallelitäten zu der Werbung von Coca-Cola analysiert. Genauso wie Coca-Cola bedient sich Apple dem Zusammenspiel verschiedenster Markencodes, um einen emergent wirkenden Werbespot zu schaffen. Dabei wird eine visuelle, Kultur- und Weltgegenden übergreifende Story anhand von den Codes Symbolik, gesprochener und geschriebener Sprache und Multisensorik erzählt, um zu verdeutlichen, wie Menschen rund um den Globus unter dem Einfluss verschiedener Emotionen den Mac einsetzen, um Probleme zu lösen, Musik zu komponieren, Fotos zu bearbeiten und schlicht wundervolle Dinge zu kreieren. Die Zielgruppe soll sich hier mit den verschiedenen emotional kochenden Situationen und den darin befindlichen Menschen identifizieren können. Dabei greift Apple die aktuelle gesellschaftliche Problematik des Rassismus auf, indem sie aufzeigen, dass Menschen verschiedenster Kulturen und Religionen,

---

[149] (Vgl. Apple Deutschland (2018): https://www.youtube.com/watch?v=PSYHFdDbaq0. (Abruf: 11.07.2018))

[150] (Vgl. Made by Google (2017): https://www.youtube.com/watch?v=4mQZrmUjd2M. (Abruf: 11.07.2018))

[151] (Apple Deutschland (2018): https://www.youtube.com/watch?v=GjrfE-prnlk. (Abruf: 11.07.2018))

genauso wie der Betrachter, in ihrem Alltag vor den exakt selben Problemen, den exakt selben Herausforderungen stehen und exakt gleich auf diese Gegebenheiten reagieren. Das Resultat ist eine selbstreflektierende und emphatische Erkenntnis, die das emotionale Unterbewusstsein des Betrachters stimuliert. Apple versucht damit durch Technologie eine Brücke zwischen den Kulturen zu bauen. Wie zum Teil in Kapitel **5.2.4** beschrieben wurde, gestaltet Apple ebenfalls jeden einzelnen Bestandteil seiner Marke, um eine ganz bestimmte Funktion zu erfüllen und mit allen anderen Bestandteilen zu harmonieren, um schlussendlich das emotional entscheidende Unterbewusstsein des Menschen zu beeinflussen.

Dieses Muster lässt sich nahtlos auf jede einzelne der wertvollsten Marken übertragen. Beispielsweise bei Betrachtung der Amazon Prime Werbung aus dem Jahr 2017 stechen diese Schemata erneut hervor. Wobei Amazon dem Code des Storytellings im Gegensatz zu den anderen Mitgliedern im Club der wertvollsten Marken viel mehr emotionalen Nachdruck verleiht, was zur einer stärkeren emotionalen Beeinflussung des Unterbewusstseins führt.[152] Das Neuromarketing ist zwar noch eine relativ junge Disziplin, dennoch hatten einige kluge Köpfe ein gutes Gespür dafür, wie die Massen unbewusst beeinflussbar sind und waren somit in der Lage, die wertvollsten Unternehmen und Marken dieser Welt aufzubauen. Bereits 1916 war es dem Coca-Cola Gründer bewusst, wie wichtig der Code Sensorik bei der Produktgestaltung für dessen Differenzierung ist. Dadurch entstand die Konturflasche, einer der bekanntesten Gegenstände des 20. Jahrhunderts. Wie Kommunikation Individuen unbewusst beeinflussen kann, war schon mehreren Figuren der Geschichte bekannt. Die modernen Erkenntnisse der Neurowissenschaft – und im ökonomischen Kontext, des Neuromarketings – haben die Einflüsse und Vorgänge im menschlichen Gehirn lediglich mess- und beweisbar gemacht. Es bedarf keinem innovativen Geniestreich mehr, um Markencodes zu kreieren, die Konsumenten unbewusst ansprechen und beeinflussen. Die Wirkung von Codes im menschlichen Gehirn kann nun beweisbar durch die Neuromarketingforschung gemessen werden, damit wird eine gewinnbringende Implementierung von Markencodes für ein breites Band an Unternehmen möglich. Somit kann ein Unternehmen z.B. sieben sprachliche Codes in Wirkung auf ihre Marke hin testen. Der sprachliche Code, welcher die größte relevante Gehirnaktivität beim Konsumenten auslöst kann somit in die Marke bzw. in das Produkt implementiert wer-

---

[152] (Amazon.de (2017): https://www.youtube.com/watch?v=YWpBmacabU8. (Abruf: 11.07.2018))

den. Im weiteren Verlauf können andere Codes in Verbindung zum nun evaluierten sprachlichen Code und der Marke gemessen werden, um nach und nach ein emergentes System von Codes zu bauen, die nahtlos ineinandergreifen und miteinander harmonieren. Die wertvollsten Marken dieser Welt werden ihre emergenten Markensysteme kontinuirlich verbessern, um weiterhin relevant an der Spitze zu stehen. Das Neuromarketing kann hier bei der Verbesserung bis ins letzte messbare Detail helfen, die Codes noch gezielter auszurichten bzw. zu verfeinern.

Das Neuromarketing beeinflusst die Werbung heutzutage schon maßgeblich. Jedoch nutzen lediglich die wertvollsten Marken dieser Welt diese Erkenntnisse für sich. Das Neuromarketing wird die Werbung der Zukunft noch weitreichender, verfeinerter und von einer breiteren Masse an Unternehmen beeinflussen. Dies funktioniert bis zu dem Zeitpunkt, an dem es so allgegenwärtig ist, dass sich nur jene Marken profilieren können, die in der Lage sind, die stärkste emotionale Reaktion im Unterbewusstsein ihrer Zielgruppen auszulösen.

Literaturverzeichnis

Aburto, O. (2012): Cabo Pulmo: The Reef and the Jacks. In: National Geographic Photo Contest 2012. URL: https://octavioaburto.com/cabo-pulmo. (Abruf: 10.07.2018)

Amazon.de (2017): Amazon Prime Werbung "Straßenmusiker" (30s, Deutschland). 24.01.2017, URL: https://www.youtube.com/watch?v=YWpBmacabU8. (Abruf: 11.07.2018)

Apple Deutschland (2018): YouTube Kanal. URL: https://www.youtube.com/channel/UCMWc04n2YO39TRyi1I1o9pw/about. (Abruf: 11.07.2018)

Arendt, F. (2016): Implizite Messverfahren in der Werbeforschung. In: Handbuch Werbeforschung. 1. Aufl. Springer-Verlag. Hrsg.: Siegert, G./Wirth, W./Weber, P./Lischka, J.A.

Ariely, D./Norton, M.I. (2009): Conceptual Consumption. Annual Review of Psychology 60: 475–499. URL: http://www.people.hbs.edu/mnorton/ariely%20norton%202009.pdf. (Abruf: 07.07.2018)

Becker-Carus, C./Wendt, M. (2017): Allgemeine Psychologie: Eine Einführung. 2. Aufl. Springer-Verlag

Bruhn, M. (2016): Marketing: Grundlagen für Studium und Praxis. 13. Aufl. Gabler-Verlag

Bruhn, M./Kirchgeorg, M. (Hrsg.) (2018): Marketing Weiterdenken: Zukunftspfade für eine marktorientierte Unternehmensführung. 1. Aufl. Gabler-Verlag

Bundeszentrale für politische Bildung (2017): Kommerzialisierung des Sports. 28.08.2017, URL: https://www.bpb.de/gesellschaft/medien/deutsche-fernsehgeschichte-in-ost-und-west/245748/kommerzialisierung-des-sports. (Abruf: 11.07.2018)

Butler, D./Tischler, L. (2016): Wachstum gestalten: Wie Coca-Cola Größe mit Wendigkeit verbindet. Gabal Verlag

Coca-Cola (2018): YouTube Kanal. URL: https://www.youtube.com/user/cocacola/about. (Abruf: 02.07.2018)

Comey, J. (2018): A Higher Loyalty: Truth, Lies, and Leadership. Flatiron Books

Eadicicco, L. (2015): Tech: More People Now Shop on Amazon Using
Smartphones and Tablets Than Computers. URL:
http://time.com/4162188/amazon-holiday-shopping-statistics-2015/.
Time Inc. (Abruf: 03.07.2018)

Drewing, K. (2017): Multisensorische Informationsverarbeitung. In: Allgemeine
Psychologie. 3. Aufl. Springer-Verlag. Hrsg.: Müsseler, J./Rieger, M.

Esch, F. (2017): Strategie und Technik der Markenführung. 9. Aufl. Vahlen-
Verlag

Esch, F./Gawlowski, D./Rühl, V. (2012): Erlebnisorientierte Kommunikation
sinnvoll gestalten und managen. In: Erlebniskommunikation: Erfolgsfak-
toren für die Marketingpraxis. 1. Aufl. Springer-Verlag. Hrsg.: Bauer,
H.H./Heinrich, D./Samak, M.

Esser, C. (2014): Burger weltweit: Was es nicht alles bei McDonalds gibt.
04.06.2014, Business-on.de. URL: http://www.business-on.de/koeln-
bonn/burger-weltweit-was-es-nicht-alles-bei-mcdonalds-gibt-
_id37618.html. (Abruf: 07.07.2018)

Fuchs, W./Unger, F. (2014): Management der Marketing-Kommunikation. 5.
Aufl. Springer-Verlag

Gansser, O./Krol, B. (2017): Moderne Methoden der Marktforschung: Kunden
besser verstehen. 1. Aufl. Springer-Verlag

Gerdes, J. (2018): Kundenorientierung durch augmentiertes Marketing. In:
Marketing Weiterdenken: Zukunftspfade für eine marktorientierte Unternehmensführung. 1. Aufl. Gabler-Verlag. Hrsg.: Bruhn, M./Kirchgeorg, M.

Hagendorf, H./Krummenacher, J./Müller, H.-J./Schubert, T. (2011): Allgemeine
Psychologie für Bachelor: Wahrnehmung und Aufmerksamkeit. 1. Aufl.
Springer-Verlag

Häusel, H.-G. (2012): Emotional Boosting: Die hohe Kunst der Kaufverführung.
2. Aufl. Haufe-Lexware.

Köhler, R. (2018): Organisatorische Herausforderungen für die marktorientierte Unternehmensführung unter veränderten Rahmenbedingungen. In:
Marketing Weiterdenken: Zukunftspfade für eine marktorientierte Unternehmensführung. 1. Aufl. Gabler-Verlag. Hrsg.: Bruhn, M./Kirchgeorg, M.

Kroeber-Riel, W./Gröppel-Klein, A. (2013): Konsumentenverhalten. 10. Aufl. Vahlen-Verlag

Krohn, W./Küppers, G. (1992): Emergenz: Die Entstehung von Ordnung. Organisation und Bedeutung. Frankfurt: Suhrkamp. URL: https://www.spektrum.de/lexikon/psychologie/emergenz/4021. (Abruf: 10.07.2018)

Kwiatkowski, C. (2017): Den unbewussten Konsumenten verstehen – marketingrelevante Erkenntnisse und Methoden der Neurowissenschaften. In: Moderne Methoden der Marktforschung: Kunden besser verstehen. 1. Aufl. Springer-Verlag. Hrsg.: Gansser, O./Krol, B

Le Bon, G. (2009): Psychologie der Massen. Nikol-Verlag

Made by Google (2017): Google Pixel 2 | Ask more of your phone. 06.11.2017, URL: https://www.youtube.com/watch?v=4mQZrmUjd2M. (Abruf: 11.07.2018)

McDermott, C. (2018): Go Behind the Scenes of Coca-Cola's Storytelling. 09.02.2018, Content Marketing Institute. URL: https://contentmarketinginstitute.com/2018/02/coca-cola-storytelling/. (Abruf: 11.07.2018)

Miller, P. (2007): Schwarmintelligenz. In: National Geographic. Heft 8, 2007. URL: https://www.nationalgeographic.de/tiere/schwarmintelligenz. (Abruf: 10.07.2018)

Müsseler, J./Rieger, M. (2017): Allgemeine Psychologie. 3. Aufl. Springer-Verlag

Oetker, A. (2018): Modernes Marketing zwischen wirtschaftlicher und gesellschaftlicher Verantwortung. In: Marketing Weiterdenken: Zukunftspfade für eine marktorientierte Unternehmensführung. 1. Aufl. Gabler-Verlag. Hrsg.: Bruhn, M./Kirchgeorg, M.

Offizielle Deutsche Charts (2018): Ludovico Einaudi und Barockmusiker haben Klassik-Charts im Griff. 16.05.2018, URL: https://www.offiziellecharts.de/news/item/504-ludovico-einaudi-und-barockmusiker-haben-klassik-charts-im-griff. (Abruf: 11.07.2018)

Perrey, J. (2018): Marketing in neuer Dimension. In: Marketing Weiterdenken: Zukunftspfade für eine marktorientierte Unternehmensführung. 1. Aufl. Gabler-Verlag. Hrsg.: Bruhn, M./Kirchgeorg, M.

Praschma, M. (2018): Snack Content: Marketing aus der Erbsenpistole. 05.06.2018, Heise RegioConcept. URL: https://www.heise-regioconcept.de/content-marketing/snack-content-marketing-aus-der-erbsenpistole. (Abruf: 05.07.2018)

Reinartz, W. (2018): Kundenansprache in Zeiten digitaler Transformation. In: Marketing Weiterdenken: Zukunftspfade für eine marktorientierte Unternehmensführung. 1. Aufl. Gabler-Verlag. Hrsg.: Bruhn, M./Kirchgeorg, M.

Robbins, M. (2017): The 5 Second Rule: Transform Your Life, Work, and Confidence with Everyday Courage. Simon and Schuster Inc.

Scheier, C./Bayas-Linke, D./ Held, D./Schneider, J. (2012): Codes: Die geheime Sprache der Produkte. 2. Aufl. Haufe-Lexware

Scheier, C./Held, D. (2012): Was Marken erfolgreich macht: Neuropsychologie in der Markenführung. 3. Aufl. Haufe-Lexware

Scheier, C./Held, D. (2018): Wie Werbung wirkt: Erkenntnisse aus dem Neuromarketing. 3. Aufl. Haufe-Lexware

Schmidt, V. (2010): Pianist Ludovico Einaudi: Klingt nett wie Kaffeewerbung. 29.12.2010, Zeit Online. URL: https://www.zeit.de/kultur/musik/2010-12/ludovico-einaudi. (Abruf: 11.07.2018)

Schröer, S. (2018): So funktioniert der Mobile-First Index – Was du als SEO jetzt tun solltest. OnlineMarketing.de GmbH. URL: https://onlinemarketing.de/news/google-mobile-first-index-seo. (Abruf: 03.07.2018)

Steiner, P. (2017): Sensory Branding: Grundlagen multisensualer Markenführung. 2. Aufl. Springer-Verlag

Tamir, D. I./Mitchell, J. P. (2012): Disclosing information about the self is intrinsically rewarding. Department of Psychology, Harvard University, Cambridge, MA 02138. URL: http://www.pnas.org/content/pnas/109/21/8038.full.pdf. (Abruf: 28.06.2018)

The Coca-Cola Company (2018): URL: https://www.coca-colacompany.com/. (Abruf 15.07.2018)

Thinius, J./Untiedt, J. (2017): Events – Erlebnismarketing für alle Sinne: Mit neuronaler Markenkommunikation Lebensstille inszenieren. 2. Aufl. Spinger-Verlag

Van de Sand, F. (2017): User Experience Identity: Mit Neuropsychologie digitale Produkte zu Markenbotschaften machen. 1. Aufl. Springer-Verlag.

Weber, B. (2017): Neuroökonomik. In: Verbraucherwissenschaften: Rahmenbedingungen, Forschungsfelder und Institutionen. 1. Aufl. Gabler-Verlag. Hrsg.: Kenning, P./Oehler, H./Reisch, L.A./Grugel, C.

Zaborowski, L. (2016): Taste the Feeling: Coca-Cola mit neuer globaler Kampagne. 19.01.2016, Coca-Cola Deutschland GmbH. URL: https://www.coca-cola-deutschland.de/taste-the-feeling-coca-cola-mit-neuer-globaler-kampagne. (Abruf: 02.07.2018)